Émile V[illegible]

Sociologie de Bordeaux

La Découverte
9 *bis*, rue Abel-Hovelacque
75013 Paris

Remerciements. Émile Victoire remercie Charles-Henry Cuin, François Dubet, Didier Lapeyronnie, Thierry Oblet, Sandrine Rui, Agnès Villechaise, Joël Zaffran, tous enseignants-chercheurs au département de sociologie de l'université Victor-Segalen à Bordeaux. Sans eux, ce livre n'aurait certainement jamais été écrit.

ISBN : 978-2-7071-5144-5

Introduction [1]

Chaque ville est une construction historique et sociale singulière, elle est une sorte de personnage dont l'« esprit », les modes de vie et le style des relations entre les groupes et les individus imprègnent si fortement les habitants et les visiteurs que chacun peut déclarer sans trop hésiter qu'il aime ou qu'il déteste telle ou telle ville, et surtout la sienne. Les auteurs de ce livre, vivant tous à Bordeaux et pour la plupart nés ailleurs, ne résistent pas à cette ambivalence des sentiments. Rien ne montre mieux ces balancements que nos irritations face au chauvinisme et à l'hagiographie locaux, et nos agacements tout aussi vifs quand cette ville est critiquée, réduite à peu de chose, comme c'est souvent la règle dans un pays où le couple formé par Paris, tenue pour la seule « vraie » grande ville, et la province condamne bien des villes de France à n'exister que pour leur folklore, leurs vieilles pierres, la qualité de leurs tables et le charme de leur climat.

Ces points de vue et ces jugements sont d'autant plus ambivalents que Bordeaux n'est certainement pas une ville au caractère exceptionnel et tranché. En effet, si Bordeaux fut la ville du grand commerce au XVIIIe siècle, dont elle tire la plupart de ses beautés et quelques-unes de ses richesses, elle n'est pas un grand port comme Marseille, une cité politique comme Paris, la capitale d'une nation comme Barcelone, un musée comme Florence,

1. Tous nos remerciements à Bernard Broustet de *Sud Ouest* et à Vincent Bernard de l'Insee.

une ville-usine comme le fut Manchester. Elle n'est certainement pas une ville-monde comme New York ou Hong Kong ni une ville-État comme São Paolo ou Singapour. En fait, rien ne la distingue de façon éclatante et c'est peut-être ce qui en fait l'intérêt sociologique.

Depuis que Bordeaux n'est plus dominée par le port colonial et par le vin et que sa bourgeoisie marchande n'est plus toute-puissante, la ville s'est profondément transformée. Bordeaux n'a pas échappé à la révolution industrielle, mais la cité ne fut jamais totalement sous l'emprise de l'industrie. Pourtant, aujourd'hui, cette faiblesse est plutôt devenue une force. Depuis les années 1960 se sont développés des activités à fort potentiel technologique ainsi que des services et des administrations qui lui donnent globalement l'allure d'une ville plutôt riche dominée par les classes moyennes, dans laquelle, cependant, se nichent des zones populaires souvent pauvres. Mais celles-ci restent relativement disséminées dans un vaste ensemble urbain qui a profondément changé la structure de la ville.

On a longtemps pu comprendre Bordeaux en partant du centre. La ville elle-même, construite sur la rive gauche de la Garonne et enserrée dans ses boulevards, dominait une banlieue à la fois rurale, industrielle et parsemée de résidences de villégiature. Parler de Bordeaux, c'était d'abord parler de ses quartiers chics ou populaires, de ses monuments et de son « esprit bourgeois ». Aujourd'hui, pour comprendre Bordeaux, il faut partir de sa banlieue et c'est pour cette raison que ce livre traitera de l'agglomération bordelaise et de ses 700 000 habitants alors que la ville-centre dépasse à peine les 200 000. Les Bordelais se déplacent plus entre les banlieues que des banlieues vers le centre, les grandes zones de production et de consommation sont dans les banlieues alors que le centre regroupe les fonctions administratives, les commerces de luxe, la vie culturelle et les loisirs qui restent le monopole de la vie urbaine. La banlieue bordelaise ne s'amorce plus aux portes de la cité historique, elle commence beaucoup plus loin pour s'étendre bientôt jusqu'au bassin d'Arcachon, au bord de l'océan Atlantique.

Quand on considère Bordeaux comme un personnage historique et culturel singulier, la ville paraît étrange et paradoxale. La vieille ville historique, d'autant plus fière de sa beauté et de son décor qu'elle semble les redécouvrir aujourd'hui — ce qui prouve qu'elle en est moins assurée que du temps où Mauriac ne l'aimait guère tout en lui étant irrémédiablement attaché —, inscrit Bordeaux dans la chaîne des vieilles cités européennes. Mais Bordeaux est aussi une sorte de « ville américaine » s'étendant sans cesse sur un espace toujours ouvert, strié d'autoroutes toujours insuffisantes, formé de couronnes distribuant les plus riches et les classes moyennes au plus loin du centre, les plus pauvres dans la première couronne parmi les échoppes [2] des classes moyennes, et concentrant des riches et des pauvres dans son centre. Bordeaux est à la fois « trop » traditionnelle et « trop » moderne pour se laisser enfermer dans un cliché. C'est peut-être pour cela qu'elle mérite une description sociologique.

Ce livre se décline en cinq chapitres. Le premier est une brève évocation de l'histoire de Bordeaux. Le chapitre II décrit la répartition des activités économiques et les catégories sociales qui forment un système de production et de services. Le chapitre III présente et analyse la répartition des classes sociales dans l'espace de l'agglomération bordelaise et s'efforce d'évoquer les relations qu'entretiennent ces groupes. Le chapitre IV est consacré à l'analyse des acteurs et des systèmes politiques locaux. Que font ceux qui gouvernent la ville ? Le dernier chapitre répond à cette question et porte sur les politiques urbaines qui ont forgé le visage de la nouvelle agglomération et en dessinent l'avenir.

Espérons que ceux qui ne connaissent Bordeaux que de réputation découvriront cette ville au-delà des images convenues, et que ceux qui la connaissent la reconnaîtront et peut-être même la verront d'une autre manière.

---

2. Il s'agit des maisons individuelles de plain-pied, plus ou moins grandes, et qui se déploient le long des rues bordelaises dès que l'on s'éloigne de l'hypercentre.

Carte 1. **Bordeaux en Europe**

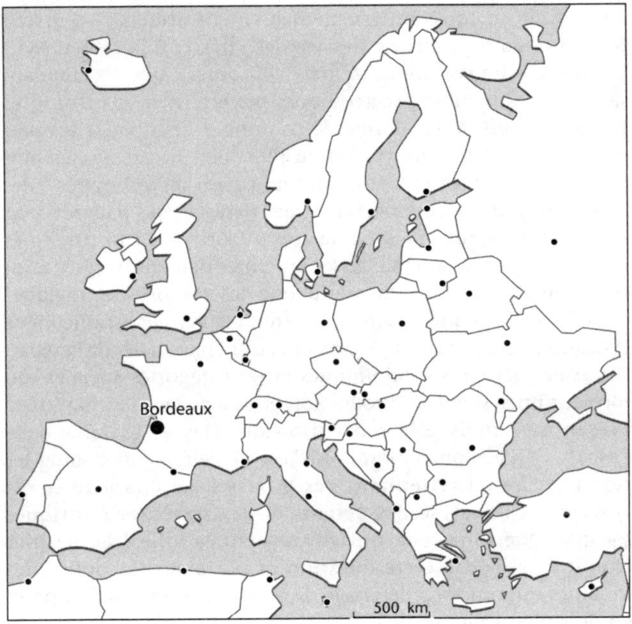

I / Histoire et mémoire de Bordeaux

Au-delà des politiques du patrimoine et de la mise en scène d'un passé visant à ancrer la mémoire d'une cité historique et, souvent, à séduire les touristes, chaque ville peut être décrite comme la cristallisation d'une histoire et d'une mémoire. L'histoire forge l'espace, le cadre bâti, l'économie, les rapports sociaux ; la mémoire, considérée comme le rapport subjectif à l'histoire, retient certaines périodes, en oublie d'autres, et nous dit comment la ville se perçoit. Alors que quelques villes, comme Paris, sont dominées par l'histoire de l'État, que d'autres, comme Rome, le sont par celle de l'Église, l'histoire de Bordeaux est marquée par celle du commerce qui s'est développé entre le vignoble et le port. Les monuments les plus célèbres et les plus visités, en tout cas ceux qui symbolisent le plus nettement l'« esprit » bordelais, les hôtels particuliers, le Grand Théâtre, la Bourse et la façade des quais, superposés à la ville médiévale au XVIIIe siècle, n'ont pas été effacés par la société industrielle et par la Bordeaux contemporaine. Ainsi, l'historiographie bordelaise a développé le récit d'un âge d'or des Lumières et du commerce suivi par le long assoupissement d'une ville qui serait passée à côté de la société industrielle et ne se serait réveillée qu'après la Seconde Guerre mondiale pour devenir une « capitale régionale » dominée par les classes moyennes et les services et, surtout, par l'extension de Bordeaux au-delà de son territoire administratif, dans une banlieue comptant aujourd'hui les deux tiers des habitants de l'ensemble organique et sociologique de l'agglomération.

La vigne et le port

Il est certain que si Bordeaux n'est plus un grand port — seuls quelques navires de croisière déposent leurs touristes face à la place de la Bourse élevée au temps de sa splendeur durant le règne de Louis XV — et que si le vin ne tient plus la place centrale de l'économie, le port et la vigne ont marqué de leur empreinte l'histoire de la ville. Si le nom de Bordeaux est connu de par le monde, ce n'est pas en raison de la taille de la ville ni de son rôle politique, c'est parce que, comme Porto, elle a donné son nom à un vin prestigieux, élégant et cher ; un vin qui a fini par confondre son histoire avec celle de la ville. D'ailleurs, quelques vignobles parmi les plus célèbres se situent dans l'agglomération elle-même, comme le Haut-Brion enclavé entre le campus universitaire de Talence, les pavillons de banlieue de Pessac, les voies ferrées et les autoroutes.

On dit que les vignerons de Burdigala, la Bordeaux gallo-romaine, auraient créé un cépage, le biturige, capable de produire un vin de qualité en dehors de l'espace méditerranéen. Durant la paix romaine, Bordeaux a développé un important commerce en direction de la Narbonnaise, tout en important l'étain venu de Bretagne et de Grande-Bretagne vers le centre de l'empire. Ausone, le poète latin et bordelais du IVe siècle de notre ère, vantait les qualités du vin et la douceur de vivre de cette ville où s'élevaient des temples, des arènes et un sénat. Invasions barbares, destructions, reconstructions, christianisation, passages d'un royaume à un autre, la capitale de l'Aquitaine reste la ville de la production et du commerce du vin. Le pape Clément est plus connu des amateurs de Bordeaux que des spécialistes de l'histoire religieuse. Entre 1308 et 1309, le port exporta 800 000 hectolitres de vin, de « claret », vers l'Angleterre et les pays de l'Europe du Nord, ce qui est un chiffre considérable pour une cité de quelques milliers d'habitants [Lajugie, 1972]*. En ces temps où le vin ne se conservait pas et où il devait être bu jeune, la bourgeoisie bordelaise avait arraché aux souverains successifs un privilège essentiel à sa prospérité, celui de ne faire transiter dans le port les vins venus du Périgord et des vignobles

* Les références entre crochets renvoient à la bibliographie en fin d'ouvrage.

situés en amont de la Garonne, dans l'Agenais et le Quercy, qu'une fois la production locale écoulée. Privilège de la qualité peut-être, mais privilège tenant surtout à la position stratégique de la ville et à l'influence de ses bourgeois. Et puis, en 1855, les négociants bordelais imposent un classement des vins et des châteaux, mêlant critères œnologiques et influence sociale, permettant au bordeaux de se distinguer nettement des nouveaux vignobles du Midi et de l'Algérie.

À Bordeaux, la Garonne est large et peu profonde (8 à 9 mètres de tirant d'eau sur les quais), elle est rythmée par les marées qui inversent le courant et permettent aux navires d'entrer et de sortir au long des cent kilomètres de l'embouchure. Le fleuve est si large et si tumultueux que longtemps les Bordelais l'ont appelé la « mer ». Montaigne raconte qu'il devait parfois attendre quelques semaines avant de franchir la Garonne emportée par les crues quand il se partageait entre la mairie de la ville, une activité politique plus intense qu'il n'a voulu le laisser accroire, et la rédaction des *Essais* dans sa tour périgourdine. Le premier pont sur la Garonne, le « Pont de pierre », y fut construit en 1822 après que Napoléon en a lancé le projet en 1810 pour faciliter le passage des troupes vers l'Espagne. Le second pont, le « pont d'Aquitaine », ne fut jeté que dans les années 1960 et la ville s'est essentiellement construite sur la rive gauche du fleuve ; jusqu'à la construction de deux autres ponts, l'explosion urbaine de la rive droite et la mise en route d'un tramway en 2003, les « vrais » Bordelais ont longtemps eu un peu de mal à admettre que l'autre rive appartenait vraiment à la ville. Étrange port en vérité puisqu'il est loin de l'océan, construit sur un fleuve capricieux, aux berges longtemps marécageuses et, disait-on, nauséabondes. Ce port ne résistera pas à l'accroissement du tonnage des bateaux. Quand on voit les quais aujourd'hui si déserts, on a du mal à imaginer que les navires y furent longtemps amarrés sur trois rangs et que tout un peuple de portefaix, de charpentiers et de dockers s'activait sur ce qui est aujourd'hui une promenade touristique, un ensemble commercial et un marché très « bordelais » : chic mais sans ostentation.

Aux XVIe et XVIIe siècles, Bordeaux a armé la haute pêche à la morue. En fait, à cette époque, Bordeaux était une ville hanséatique, « le dernier port de la Baltique en France » faisant le commerce du bois, du drap, des barriques, du vin et de la morue. En 1927 encore, 50 % de cette pêche passait par Bordeaux et le poisson séchait à Bacalan et à Bègles avant que d'être expédié dans toute la France. Au XVIIe siècle, la ville lie son économie au développement des plantations antillaises. Elle participa au trafic triangulaire et à la traite négrière, sans doute moins activement que Nantes et que certains ports anglais. Malgré la position abolitionniste de Montesquieu [1], lui-même négociant en vins, la bourgeoisie bordelaise, fortement secouée par la révolte de Saint-Domingue de 1791, défendit l'économie de plantation et l'esclavage qui lui assuraient une prospérité éclatante. C'est la face d'ombre d'une histoire économique que quelques mouvements sociaux essaient d'imposer aujourd'hui à la mémoire de la cité en exigeant qu'un monument qui serait érigé au cœur de la ville du XVIIIe siècle restitue le souvenir de l'esclavage.

À la veille de la Révolution, Bordeaux est le premier port de France. En 1786, 265 navires quittent ses rives, alors qu'ils n'étaient que 50 en 1700. Sur dix bateaux qui partent de France aux Antilles, quatre sont armés sur les quais de Bordeaux. On dit que 4 000 Noirs et créoles vivaient à Bordeaux où se négociait l'essentiel du commerce du sucre et du rhum pendant que les Anglais — Montesquieu lui-même en témoigne en tant que propriétaire d'un château — restaient grands amateurs de « claret ». Grâce au port et au vin, avec 110 000 habitants, Bordeaux est la troisième ville de France en 1789, après Paris et Lyon, alors qu'elle n'était que la septième en 1700. C'est le temps de l'« âge d'or », pas pour tous les Bordelais sans doute, mais pour l'oligarchie qui domine la ville, y perce les larges avenues, y construit les plus beaux immeubles et lui donne ce style XVIIIe siècle que la ville met toujours en lumière.

Âge d'or flamboyant, certainement, mais de courte durée, la Bordeaux postrévolutionnaire devenant la « belle endormie » évoquée par les guides touristiques. Le blocus des guerres

---

1. « Si j'avais à soutenir le droit que nous avons eu de rendre les nègres esclaves, voici ce que je dirais. Les peuples d'Europe ayant exterminé ceux de l'Amérique, ils ont dû mettre en esclavage ceux de l'Afrique pour s'en servir à défricher tant de terres... », Montesquieu, *L'Esprit des lois*, livre XV, chapitre V.

révolutionnaires et napoléoniennes a déplacé durablement les routes commerciales vers la Nouvelle-Angleterre et la Grande-Bretagne. Le raffinage sucrier de la betterave a ruiné l'économie de la canne. Dès la fin du XIXe siècle, des chantiers navals s'installent sur la rive droite, les industries agroalimentaires se développent au nord de la ville au fur et à mesure que se développe le commerce avec l'Afrique de l'Ouest et l'Amérique latine, des entreprises métallurgiques accompagnent l'arrivée du chemin de fer. Avec l'accroissement de la taille des navires, le port se déplace insensiblement en aval, notamment vers Bassens où les Américains aménagent des quais en 1917. Et c'est là que l'essentiel du trafic portuaire se fait aujourd'hui. À une vingtaine de kilomètres en aval, au bec d'Ambès, les tankers de taille moyenne livrent le pétrole aux raffineries dont Serge Mallet [1963] avait étudié la « nouvelle classe ouvrière » au début des années 1960. Mais rien là de comparable à Fos-sur-Mer ou à l'embouchure de la Seine. Bordeaux n'a pas raté la révolution industrielle aussi nettement qu'on l'écrit souvent, mais il est vrai que l'image de la ville et sa mémoire restent ancrées dans l'activité marchande du siècle des Lumières.

Grandeur et décadence du port. Pourtant, en dépit d'une intense activité jusqu'au premier quart du XXe siècle, Bordeaux ne se vit guère comme un port déchu. Aujourd'hui, le romantisme des ports, des voyages, des marins et de tout le « folklore » qui marque des villes comme Marseille, Le Havre et les grands ports de la mer du Nord semble ne pas avoir laissé de trace. La carcasse d'un cuirassé, le *Colbert*, rouille doucement le long du quai, face à la « Cité du vin » consacrée à la promotion du bordeaux, essayant de rappeler que Bordeaux fut un grand port, bien que jamais une place maritime militaire, sauf pendant la Seconde Guerre mondiale qui vit la marine allemande abriter ses sous-marins sous des tonnes de béton armé. La grande fête populaire organisée par les édiles est la fête du vin, pas celle du port. Cette relative faiblesse de la mémoire du port peut s'expliquer par le fait que Bordeaux n'a jamais été une ville de marins : pas de grands marins, pas d'explorateurs célèbres, pas de corsaires dans les noms retenus par la mémoire. Pas de Marius rêvant de grand large chez les écrivains locaux plutôt portés vers les intrigues de la terre, de la vigne et du commerce. Les Bordelais n'ont pas été des gens de mer, mais des armateurs et des marchands faisant naviguer des Bretons, des Anglais et des Hollandais, armant des flottes mais restant à quai. L'oligarchie marchande qui a longtemps dominé la ville et lui a donné son style était composée de commerçants placés à l'articulation de la vigne et du port, elle ne comptait pas de marins et guère d'industriels.

La bourgeoisie bordelaise

L'histoire de Bordeaux et de ce que l'on pourrait appeler l'esprit ou le style de la ville a été fortement marquée par l'emprise d'une grande bourgeoisie marchande à laquelle l'historiographie de la ville consacre une grande place [Butel, 1991 ; Butel et Poussou, 1980 ; Higounet, 1963]. Ceci ne signifie évidemment pas que les classes populaires et les classes moyennes n'aient joué aucun rôle, mais il est vrai que l'oligarchie bordelaise, justement parce qu'elle est la classe dirigeante, eut des capacités d'action considérablement supérieures aux autres catégories sociales et qu'elle laissa aux historiens beaucoup plus de traces, d'archives et de grands hommes, ce qui peut conduire à en surévaluer le rôle.

Bien que Bordeaux soit une ville du Midi, ce n'est pas une ville occitane ou gasconne, comme peuvent l'être Montpellier ou Toulouse par exemple, dans la mesure où sa bourgeoisie est très souvent d'origine étrangère. Allemande, anglaise, hollandaise, presque toujours anglophile et souvent protestante, la bourgeoisie bordelaise est d'origine cosmopolite, issue de marchands étrangers installés dans ses murs. Son activité et son succès ont reposé sur cette ouverture et sur la densité de ses liens avec les autres places de l'Atlantique et de la mer du Nord. Une partie de cette bourgeoisie est aussi d'origine juive et portugaise, des familles marranes s'étant réfugiées à Bordeaux aux XVe et XVIe siècles, comme un oncle et l'épouse de Montaigne. Bien que quelques familles de marchands s'anoblissent aux XVIIe et XVIIIe siècles, les grandes dynasties bordelaises, celles qui ont donné leur nom aux rues et aux avenues les plus prestigieuses de la ville, ne portent pas majoritairement le nom de vieilles familles gasconnes. Elles s'appellent Clossman, Cruse, Barton, Bethman, Johnston, Lawton, de Luze, Lurton, Schÿler... Les enfants portent des prénoms allemands ou anglais et, par le jeu des alliances entre elles et avec des familles nobles moins fortunées, ces grandes familles ont construit des dynasties d'allure aristocratique : en 1848, Hermann II Cruse épouse Sophie Lawton et laissera la direction de la famille et des affaires à Hermann III ; en 1874, Daniel III Guestier épouse Mary Johnston, renforçant ainsi le capital des deux familles [Butel, 1991]. En 1873, dix-huit familles possèdent 40 % du patrimoine local et, en 1936 encore, trente-six fortunes familiales tiennent 59 % du patrimoine bordelais. Derrière les façades austères des hôtels particuliers se sont gérées de grandes fortunes, surtout au XVIIIe siècle où cette bourgeoisie a littéralement construit une ville nouvelle, confiant à l'intendant Tourny un urbanisme de capitale. Cette classe dirigeante locale a percé de larges avenues – des cours, dit-on à Bordeaux –, elle a ouvert des places, elle a dressé des bâtiments qui donnent à la ville une allure majestueuse, parfois plus majestueuse que ne le laisserait deviner la taille de la ville.

Dans l'ordre politique, la bourgeoisie bordelaise a défendu des idées conformes à ses intérêts. Libre-échangiste au plan économique, conservatrice au plan social, son protestantisme minoritaire l'a conduite vers un libéralisme laïque de bon aloi. Au prix de quelques brimades — brimades sérieuses cependant : des bandes catholiques profanent les cimetières protestants et brûlent des effigies —, elle a surmonté la révocation de l'édit de Nantes en renforçant ses relations avec l'Angleterre, la Hollande et l'Allemagne du Nord où certains héritiers se sont installés. Elle a resserré ses liens avec l'Angleterre, quelques familles devenant anglicanes, et favorisé le développement de la franc-maçonnerie au siècle des Lumières, forgeant ainsi cet esprit girondin qui refusait la guerre et les excès de la Révolution, qui défendait les parlements provinciaux contre le jacobinisme, qui craignait que les armées révolutionnaires ne coupent les routes commerciales. Cette oligarchie n'était ni aussi démocrate et libérale que le veut son hagiographie, ni aussi réactionnaire que l'affirme le récit révolutionnaire radical. Bordeaux est devenue une ville conservatrice et modérée dont la bourgeoisie attendait de l'État qu'il favorise le commerce et qu'il résiste aux désordres sociaux. Comme Montesquieu, cette bourgeoisie a cru aux Lumières de la Constitution et à celles du « doux commerce ». Et puis le protestantisme a développé un réseau associatif minoritaire mais actif et modernisateur, créant par exemple l'hôpital Bagatelle où se sont développées les méthodes infirmières modernes de Florence Nightingale.

Ces bourgeois, parfois anoblis par des alliances judicieuses, étaient avant tout des négociants vivant le plus souvent entre eux dans le quartier des Chartrons et formant une sorte de faubourg Saint-Germain bordelais aristocratique et clos où les salons dominaient les chais dans lesquels étaient stockés les vins attendant d'embarquer. Schopenhauer évoque ce monde fermé, endogame, méfiant à l'égard des nouveaux riches et de la petite bourgeoisie des artisans, de la basoche et du parlement : « Les habitants des Chartrons, parmi lesquels se trouvent nos amis, forment des cercles entre eux où ne pénètre aucune personne n'habitant pas la ville ni même les habitants de la ville » [cité *in* Butel, 1991]. Les traces de ce mélange de fermeture, de goût aristocratique et de discrétion britannique feront, deux siècles après, les délices de Mauriac dont le héros du *Nœud de vipères* dit : « Je ne parle jamais aux domestiques, non que je sois un maître difficile ou exigeant, mais ils n'existent pas à mes yeux. »

Au XIXe siècle, les héritiers des grandes familles sont parfois éduqués dans des collèges anglais afin de rester entre soi et de développer une « éthique » commerçante et un style de *gentry*. Cette oligarchie cosmopolite, distante, fortunée mais peu démonstrative, fut, en réalité, snob et froide, donnant ainsi à Bordeaux la réputation, sinon le style, d'une ville bourgeoise peu méridionale, peu expansive et, disent ceux qui ne la connaissent guère, belle mais pas sympathique. L'oligarchie bordelaise pense en termes d'« art de vivre pour elle-même, et de philanthropie pour le peuple », écrit Pierre Guillaume [*in* Étienne, 2001]. Elle est modérée, riche mais pas ostentatoire, elle fait savoir qu'elle possède de la fortune mais ne la montre guère. Elle achète des châteaux viticoles, moins pour l'intérêt économique qu'ils représentent que pour la valeur aristocratique qu'ils confèrent à leur propriétaire. Ce n'est pas une bourgeoisie foncière tirant ses revenus de rentes agricoles comme la bourgeoisie romaine décrite par Weber [1982]. Elle possède quelques vignes pour s'enraciner au sein d'un terroir de petits propriétaires et ces signes de noblesse seront d'ailleurs imités par d'autres grandes familles bourgeoises étrangères à Bordeaux comme les Pereire, les Rothschild et, plus récemment, les Arnaud, propriétaires du groupe LVMH, achetant Château Yquem. D'autres châteaux ont été acquis par la GMF, AXA et des groupes japonais, mais la plupart d'entre eux restent bordelais et la grande majorité du terroir appartient à ceux qui le cultivent.

Le règne de cette oligarchie semble aujourd'hui s'éteindre même si quelques noms subsistent, comme Marie-Brizard, Bardinet, Calvet, mais ces familles ont perdu ou dispersé leur capital repris par d'autres groupes français ou étrangers. Cette classe ne tient plus la ville dont elle ne contrôle plus la classe politique depuis le premier tiers du XXe siècle. N'ayant pas su ou voulu se convertir au siècle industriel, elle ne peut plus être tenue pour une classe dirigeante locale hégémonique. Mais elle a incontestablement marqué le climat d'une ville à laquelle le port et les usines n'ont pas donné durablement l'image d'une cité industrieuse et populaire. Bien sûr, cette grande bourgeoisie traditionnelle et fortunée fut, par définition, peu nombreuse mais, par un jeu d'influence et d'imitation, les bourgeois moins fortunés et les classes moyennes supérieures s'identifient souvent au style de vie qui caractériserait les « vrais » Bordelais : tennis, golf, études dans les grands lycées privés (Grand-Lebrun, Saint-Genès) ou au lycée public prestigieux (Montaigne), connaissance du vin, fréquentation du Grand Théâtre, résidences secondaires à Arcachon et au Cap-Ferret… Peut-être même cette « froideur » atteint-elle les classes populaires dont l'exubérance a peu à voir avec celle des Marseillais, avec la « gouaille rebelle » des faubourgs parisiens ou avec la tradition ouvrière de la Croix-Rousse à Lyon. Il va de soi que les classes populaires ne furent pas et ne sont pas invisibles à Bordeaux, mais leur mode de vie, leurs quartiers, leurs rues, leur patois « bordeluche » ne sont jamais véritablement parvenus à imposer leur couleur à la ville. Aujourd'hui, les supporteurs des Girondins de Bordeaux sont enthousiastes quand l'équipe gagne et tristes quand elle perd mais, dans tous les cas, ils semblent « raisonnables » comparés aux ultras de quelques autres villes françaises. Longtemps même, à l'exception de la place de la Victoire animée le soir par les étudiants, Bordeaux était une ville où l'on pouvait s'ennuyer ferme, mais avec discrétion.

Le siècle industriel

Entre 1801 et 1936, où Bordeaux compte 258 000 habitants, la population de la ville a été multipliée par un peu plus de 2. Mais, durant la même période, celle de Paris et celle de Lyon ont été multipliées par 5,2, et celle de Marseille par 8,2. C'est dire que la cité s'est tenue en retrait de la révolution industrielle ; Bordeaux n'a été ni Bilbao ni Saint-Nazaire. Comment expliquer cette relative stagnation parfois présentée comme une phase de décadence de la ville ? Les géographes invoquent la faible capacité du port et le fait que l'arrière-pays, essentiellement agricole, n'a guère joué la carte industrielle ; les historiens mettent en cause une bourgeoisie commerçante et aristocratique qui n'aurait pas aimé l'industrie et aurait craint l'arrivée des classes laborieuses. Le chemin de fer fut accueilli sans enthousiasme, voire avec quelques réticences. La gare de la rive droite, la gare d'Orléans reliée à Paris, et celle de la rive gauche, la gare Saint-Jean allant vers Bayonne et Toulouse, n'ont été directement connectées qu'en 1912 et la presse locale jugea l'initiative « intempestive ». La bourgeoisie locale n'aurait pas voulu ou été capable de mobiliser le capital nécessaire au développement de grandes industries et, la plupart du temps, celles-ci sont aux mains d'un capital étranger à la ville et à la région, ce qui a pu accentuer la dimension exogène de l'industrialisation.

Toutefois, comme le montre bien la thèse de Jean Dumas [1978], le thème de la sous-industrialisation de Bordeaux est assez convenu et renvoie plus à l'image que la ville aime à se donner d'elle-même qu'à la réalité économique. Au XIXe siècle et jusqu'aux années 1950, Bordeaux reste une ville coloniale tournée vers l'Afrique de l'Ouest et les Antilles avec le développement des huileries Lesieur, les fabriques de cacao et l'entreprise Négrita dans le quartier de Bacalan situé au nord de la ville.

Le cours Saint-Louis est dédié à la ville du Sénégal, pas au roi de France. Des minoteries s'installent sur la rive droite du fleuve près des chantiers navals où sont construits des navires de moyen tonnage. Plus tard, des raffineries pétrolières sont installées en aval de la rive droite. À Bègles et Pessac sont construites des biscuiteries pendant que Bègles devient la ville des cheminots. La chimie fine, la pharmacie et surtout l'aéronautique s'installent dans l'ouest de la ville, à Mérignac, avec Bréguet et Dassault qui connaîtront leur plein développement après la Seconde Guerre mondiale. Aujourd'hui, Bordeaux partage avec Toulouse l'essentiel de la production aéronautique française et ces grandes entreprises mobilisent de nombreux sous-traitants. La Société nationale des poudres se développe dans l'ouest de la ville, à Saint-Médard-en-Jalles. Après la guerre, IBM et Ford construisent aussi des usines à Canejan et à Blanquefort.

Bordeaux n'est donc pas un désert industriel même si les petites entreprises ont longtemps dominé : 2,8 salariés en moyenne par entreprise en 1891, 6 en 1936. Au-delà des petites entreprises disséminées dans tout l'espace urbain, le développement industriel a, malgré tout, profondément changé la physionomie de la ville. Au sud et au nord du port s'installent des quartiers ouvriers et, surtout, la rive droite de la ville devient une enclave ouvrière que, longtemps, les « vrais » Bordelais tiendront pour un peu étrangère à la cité. Ainsi, le fleuve tracera durablement une frontière sociale séparant la ville bourgeoise de la « plèbe » ouvrière, expliquant peut-être le manque d'enthousiasme chronique des Bordelais de la rive gauche pour la construction de ponts sur cette barrière sociale et la crainte plus récente exprimée *mezza voce* de voir le tramway ouvrir la ville aux jeunes venus des quartiers « chauds » des Hauts de Garonne.

En dépit de l'industrialisation, les quartiers ouvriers ne dominent pas l'habitat de l'ensemble urbain. Les années 1850-1920 voient la multiplication des « échoppes » dans la périphérie de Bordeaux et de sa proche banlieue. Ce sont des maisons basses, le plus souvent sans étage, dont les façades s'alignent le long de rues un peu monotones. Les plus simples ont une pièce donnant sur la rue, une pièce obscure au milieu et une cuisine ouvrant sur un jardinet situé derrière la maison. Certaines sont plus grandes, plus ornées, plus bourgeoises, mais dans tous les cas elles sont associées à l'urbanisation de la période industrielle sans qu'un plan d'urbanisme en ait véritablement conduit l'extension. D'ailleurs, en 1941, 9 % des immeubles bordelais bénéficiaient du tout-à-l'égout et ce taux tombait à 3,5 % dans l'ensemble de l'agglomération. Dans les années 1970 encore, il n'était pas rare de voir le trop-plein des eaux usées de quelques rues huppées se déverser dans la rue. L'anarchisme du développement urbain, l'hétérogénéité des activités industrielles, la faiblesse des grandes entreprises et d'un patronat social gérant l'habitat, les loisirs et les équipements sociaux ont contribué à dissoudre une grande partie de la classe ouvrière dans des quartiers populaires eux-mêmes hétérogènes. Bien sûr, il existe des quartiers aisés et des quartiers populaires fortement contrastés, mais de vastes zones urbaines structurent des inégalités sociales relativement fines en fonction de marqueurs plus discrets : la taille des échoppes et les traditions historiques des divers quartiers, de plus en plus chics vers l'ouest et vers Caudéran, plus pauvres au nord, au sud et sur la rive droite du fleuve. Quant aux vieux quartiers populaires du centre (Mériadeck, Saint-Pierre), qui sera « gentrifié » dès les années 1980, et Saint-Michel, ils ont été occupés par les vagues successives de migrants : les Espagnols dès les années 1930, puis les Maghrébins et les Africains à partir des années 1960. Ce n'est qu'au seuil des années 1950, avec les grands ensembles de la Benauge et du Grand Parc, que se formera un habitat ouvrier ciblé, avant la construction de grandes cités populaires dans les communes de la rive droite et du nord de la ville, près du lac creusé pour assainir les marais, à partir des années 1970.

Dans ce contexte s'est formée une classe ouvrière assez diversifiée. Elle compte d'abord les ouvriers des petites entreprises, des métiers traditionnels et du vin. Puis il y a la classe ouvrière de l'industrie « classique » : les ouvriers de l'agroalimentaire, ceux du port et des chantiers navals, les cheminots... Enfin, à l'ouest de la ville et dans la pétrochimie, se constitue une classe ouvrière plus moderne, plus qualifiée et souvent mieux payée, plus dépendante aussi des commandes publiques. Aujourd'hui, alors que les industries les plus traditionnelles ont quasiment disparu

— il n'y a plus de chantiers navals ni de grandes entreprises agroalimentaires —, de petites entreprises à fort potentiel technologique et scientifique se sont développées, associées à l'aéronautique et à la recherche universitaire.

N'ayant jamais été un véritable bastion industriel, l'économie bordelaise est apparue comme relativement fragile. Après l'embellie industrielle de la guerre de 1914-1918 où l'on fabriquait loin du front, bien des entreprises ferment dans la métallurgie, l'automobile ou le traitement de la térébenthine, tirée de la forêt landaise, qui passe de 15 600 tonnes en 1926 à 242 tonnes en 1934. Ces crises successives ont fait de Bordeaux une ville au chômage relativement élevé mais, en même temps, la dissémination des entreprises petites et moyennes a amorti les crises économiques ; rien de comparable aux crises de la sidérurgie lorraine, des mines et du textile du Nord où, quand les usines ferment, c'est tout un monde qui disparaît. Certaines de ces crises se sont même relativement « bien » passées, notamment dans les années 1950 et 1960 où la régression des chantiers navals, des docks et de certaines entreprises agroalimentaires a été en partie compensée par le développement de l'aéronautique et de sa sous-traitance. Aujourd'hui, quand certaines de ces entreprises sont à leur tour menacées, on perçoit mal ce qui pourrait les remplacer et la ville ne conçoit d'avenir industriel que dans les secteurs de pointe à forte valeur ajoutée et à emploi plus faible.

En 1920, la CGT comptait 40 000 membres répartis dans 176 syndicats et en 1936, au lendemain des accords de Matignon, 25 000 salariés se mirent en grève. La commune de Bègles devint un bastion communiste jusqu'aux années 1990, alors que la majorité des communes de banlieue passait à gauche en se développant et en s'industrialisant. La plupart des grands mouvements sociaux nationaux ont eu leurs échos à Bordeaux, grèves de 1953 parties chez les postiers, mai 1968, décembre 1995. Plus que le syndicalisme lui-même, ce sont ses expressions politiques qui ont profondément changé l'équilibre de la ville en la faisant glisser d'un radicalisme modéré vers un socialisme d'employés et de fonctionnaires plus que d'ouvriers proprement dits. Ce n'est plus directement la bourgeoisie marchande qui dirige la ville et en conduit le développement, c'est une classe administrative et politique, un monde composite d'élus, d'entrepreneurs, de fonctionnaires et de professionnels de la médecine et de l'Université qui passe progressivement aux commandes.

Le développement politique et la ville de services

Aujourd'hui, Bordeaux se présente moins comme la ville du vin que comme une capitale régionale, une ville administrative et une ville de services. Il est vrai qu'avec 700 000 habitants, l'agglomération est plus peuplée que chaque département de la région Aquitaine et qu'elle draine un grand nombre d'équipements et de services. Pour comprendre cette mutation et le développement urbain qui lui est associé, il nous faut revenir à cette idée simple : les villes sont des unités politiques et, en la matière, Bordeaux n'est pas en reste.

Comme la plupart des cités médiévales, Bordeaux essaya d'arracher des franchises et des libertés la mettant à l'abri des charges, des protections et des conflits des princes. Il semble qu'elle se trouva fort bien traitée par la Couronne d'Angleterre quand Henri Plantagenêt épousa Aliénor en 1152, ce qui lui garantit quelques franchises essentielles à son commerce. Il faut dire que les princes anglais régnant sur l'Aquitaine se sentaient plus gascons que britanniques et que, après la victoire de la Couronne de France en 1453, il fallut construire quelques fortifications moins chargées de surveiller l'ennemi héréditaire que les bourgeois et le petit peuple bordelais mal disposés à accepter les nouveaux maîtres, leurs impôts et leurs taxes. Montaigne s'est attaché à préserver la ville des déchirements religieux du royaume en professant un catholicisme tolérant et modéré [Lacouture, 1996]. Durant la Fronde, le mouvement de l'Ormée mobilisant les marchands et les artisans de la ville se souleva afin de protester contre le parlement de la ville au nom d'un Roi d'autant plus aimé qu'il était lointain. Puis ce fut l'épisode révolutionnaire girondin, soucieux lui aussi de préserver les autonomies communales et provinciales contre le jacobinisme et préférant la paix du commerce aux blocus des guerres révolutionnaires.

Toutefois, Bordeaux n'est pas une ville rebelle, loin de là, et les grandes émotions nationales y semblèrent plus atténuées qu'ailleurs. Ce fut même une ville si paisible et si tranquillement conservatrice qu'elle accueillit les gouvernements français en 1914 et en 1940 devant l'avancée des troupes allemandes vers Paris. Triste privilège en 1940 quand Adrien Marquet régnait sur la ville après avoir quitté la SFIO et finir par créer le Parti socialiste français avec Marcel Déat. À Bordeaux aussi, Maurice Papon exerça son zèle dans la chasse aux juifs, ce qui n'empêcha évidemment pas d'autres Bordelais de résister. Mais cet épisode reste une tache dans une ville dont le conservatisme libéral et tolérant, la tiédeur idéologique même avaient jusque-là relativement bien protégé les juifs et les protestants.

Il reste que, pour discutable qu'il soit, Adrien Marquet fut un des premiers maires de Bordeaux à agir comme un entrepreneur urbain modernisateur : les boulevards sont tracés, le stade est construit, la Bourse du travail aussi, et l'ancien maire collaborateur restera assez puissant pour faire trembler Jacques Chaban-Delmas, élu maire en 1947, lors des élections municipales de 1953. Puis Jacques Chaban-Delmas, soutenu par le préfet de région, Gabriel Delaunay, continuera à moderniser la ville, créant un nouveau quartier dans le centre, à Mériadeck, lançant les grands projets d'autoroutes périphériques et un nouveau pont sur la Garonne. Grâce à leur influence nationale, ils géreront la transition des industries traditionnelles vers l'aéronautique, tout en connaissant quelques échecs comme la création d'un port de haute mer au Verdon, à l'embouchure de la Gironde.

Dès lors, l'histoire de Bordeaux est liée à l'action des élus et de l'administration. L'acte décisif en la matière est la mise en place de la Communauté urbaine de Bordeaux en 1968, qui associe progressivement Bordeaux et vingt-six communes. Il faut dire que l'enjeu était vital pour la ville dont la chute démographique et le vieillissement semblaient irréversibles. Bordeaux comptait 85 % de la population de l'agglomération en 1872, 62 % en 1945 et 35 % aujourd'hui, le nombre d'habitants de la commune de Bordeaux chutant de 267 000 en 1921 à 229 000 aujourd'hui, moins encore quand on considère que la ville historique reste enfermée dans la première ceinture des boulevards.

De plus, la ville-centre et l'agglomération sont si fortement intégrées — on vit en banlieue, on travaille à Bordeaux ou le contraire, on se déplace surtout entre les banlieues — que l'unité fonctionnelle de l'ensemble impose un changement d'échelle de gestion. Bordeaux est à droite, la plupart des communes de banlieue sont socialistes, et il suffit qu'une commune change de majorité pour que la Communauté urbaine de Bordeaux (Cub) change de tête. Mais, au-delà de rares déclarations bien senties, le conflit ouvert n'est guère la règle car, dans la plupart des cas, les communes sont bien tenues par des notables et personne n'a vraiment intérêt à déstabiliser le jeu [2]. C'est ce que les politologues appellent le « système Chaban », qui survivra à Chaban même si Alain Juppé, pour la droite, et Alain Rousset, pour la gauche, l'ont quelque peu renouvelé [Lagroye, 1973 ; Savary, 1995].

Les grands projets urbains, ceux qui vont transformer la ville, sont alors conduits par un système politique local auquel doivent être associés le département de la Gironde et la région Aquitaine, capables de mobiliser les ressources financières, les administrations et, surtout, les politiques publiques nationales et européennes. En ce sens, les maîtres de la ville ne sont plus des grandes familles ni, directement, des entrepreneurs, c'est une classe politico-administrative dont les services publics et les grands équipements de transport sont les principaux leviers d'action. Les grands élus, Alain Juppé à la mairie de Bordeaux, les socialistes Philippe Madrelle au Conseil général et Alain Rousset à la Région et à la Cub, sont à la fois des hommes politiques et des entrepreneurs urbains. L'agglomération est structurée par les commerces du centre-ville désormais piétonnier et de plus en plus souvent consacré aux boutiques de luxe, tandis que de grands centres commerciaux se déploient tout au long de la rocade qui enserre la ville sur près de quarante kilomètres et qui commence à être insuffisante car, à la circulation locale, s'ajoutent les migrations pendulaires vers le bassin d'Arcachon et, surtout, le trafic des camions qui l'empruntent entre la

2. Les événements les plus marquants ont été le passage de Pessac de la droite vers la gauche, celui de Talence, de la gauche vers la droite, et celui de Bègles, du PC aux Verts.

France, l'Espagne et le Portugal. Après de longues hésitations entre divers projets, un tramway contribue à rapprocher le centre de certaines banlieues, notamment de la rive droite longtemps coupée de la ville, et du campus construit à Talence à la fin des années 1960 pour accueillir l'explosion du nombre des étudiants. Cependant, Bordeaux n'est pas un centre trop plein face à un désert de banlieues-dortoirs. Nombre d'entre elles ont progressivement construit leur propre centre-ville autour des administrations, des boutiques, des cafés et des restaurants, des cinémas... Sur les rives du lac de Bordeaux Nord ont été installés des équipements sportifs et des centres administratifs censés désengorger le centre de la ville ; le CHU, le principal employeur de l'agglomération, est resté dans Bordeaux alors que d'autres hôpitaux ont été déplacés en banlieue. Ainsi, même si les activités de production n'ont pas disparu, loin de là, l'agglomération bordelaise est une ville de services, d'employés, de classes moyennes repoussant toujours plus loin les limites du territoire urbain. Deux tiers des habitations sont des maisons individuelles, ce qui contribue à accroître les contrastes sociaux de cette ville entre les grands ensembles plus ou moins « sensibles » et très inégalement répartis sur le territoire, les quartiers populaires et souvent délabrés du centre, et le monde des échoppes restaurées et des pavillons bénéficiant d'un espace que peu de grandes villes offrent à leurs habitants. Espace qui peut apparaître comme le principal luxe de la ville, mais qui est aussi un de ses plus gros problèmes comme l'indiquent les débats ouverts au début de ce siècle sur le tracé d'une nouvelle rocade.

Toutes les histoires locales et singulières ont probablement tendance à s'écrire de manière trop locale et trop singulière. Elles hypertrophient le style et l'esprit de leurs personnages collectifs et individuels, au point de faire oublier que ces récits locaux sont pris dans une histoire plus grande. Les phases qui scandent l'histoire de Bordeaux ressemblent à celles de bien d'autres villes, notamment dans la période la plus récente : toutes les grandes villes avalent ou sont avalées par leurs banlieues, toutes ont leurs quartiers historiques et leurs quartiers « difficiles », toutes ou presque toutes voient les services s'imposer à l'industrie, toutes ont vu croître le rôle des élites politiques... Bordeaux n'échappe pas à ces tendances générales et cependant, comme les autres villes millénaires, elle n'est identique à aucune autre et l'on y respire un « air social » ni meilleur ni pire qu'ailleurs, mais qui n'appartient qu'à elle.

II / La donne socioéconomique

Ce chapitre devrait pouvoir convaincre le lecteur des deux préalables qui se sont imposés aux auteurs de cet ouvrage : d'abord, une « sociologie de Bordeaux » est nécessairement une sociologie de l'agglomération bordelaise ; ensuite, elle ne saurait se cantonner, ici moins encore qu'ailleurs, à la seule sphère sociale ou culturelle, et doit nécessairement tenir le plus grand compte de la dimension économique. Si de grandes villes comme Paris ou Marseille peuvent éventuellement, à elles seules, constituer des objets sociologiques pertinents, ce n'est pas le cas de la ville de Bordeaux qui ne se présente guère comme une totalité socioéconomique significative. De fait, cette cité n'existe que par et pour son environnement plus ou moins proche (et parfois lointain) dont les ressources la constituent littéralement, dessinant et redessinant ses contours et son image au gré de leurs fluctuations historiques. Cette somme de ressources économiques à la fois reçues et construites fait d'elle, plus que de beaucoup d'autres capitales régionales, une authentique « métropole », une ville mère. « Bordeaux c'est l'Aquitaine, et l'Aquitaine c'est Bordeaux », répétait J. Chaban-Delmas.

De la ville à la métropole

Pour l'administration, Bordeaux est une commune constituée de huit cantons, la préfecture du département de la Gironde (1,33 million d'habitants) et la capitale de la région Aquitaine (cinq départements comptant 3 millions d'habitants). Elle est par ailleurs le siège de la zone de défense Sud-Ouest et d'un archevêché catholique. Cependant, comme on va tenter de le montrer, il existe entre la ville-centre et la métropole aquitaine une continuité topographique et économique qui interdit de réduire le phénomène bordelais à la première et invite à lui reconnaître pleinement la dimension régionale qui est la sienne.

Bordeaux-ville

Bordeaux est une ville de taille assez modeste : environ 230 000 habitants répartis sur 4 455 hectares, au neuvième rang national. Mais elle est située au cœur d'une agglomération vaste (un millier de kilomètres carrés, la troisième de France après celles de Paris et de Marseille-Aix-en-Provence) et nombreuse (760 000 habitants, au sixième rang national, d'après l'Insee ; ce chiffre est celui de l'agglomération élargie à 51 communes, la Communauté urbaine proprement dite en comptant 27). Sans sa double couronne de banlieues, la ville serait réduite à ses seules forces, c'est-à-dire à assez peu de chose : une population diminuée d'un quart de ses habitants depuis les années 1950, 17 % seulement des actifs, mais plus du tiers des chômeurs de l'agglomération. *Intra muros*, Bordeaux ne produit pas un seul litre de son vin, n'abrite que l'une de ses quatre universités, elle n'a plus qu'un port de tourisme. Si elle ne possède plus la totalité des attributs matériels et symboliques qui ont fait son histoire et continuent de faire la réputation de son nom, elle ne cesse, en revanche, d'exploiter des ressources non négligeables — des prérogatives administratives accumulées, un patrimoine architectural prestigieux et, encore, une puissance financière et commerciale notable — mais qui seraient bien incapables de faire vivre tous ses habitants depuis la disparition de son port commercial, de ses chantiers navals et de ses pêcheries.

Pour les géographes urbains, Bordeaux est délimitée par sa ceinture de « boulevards » ponctuée des anciennes « barrières » d'octroi qui la séparaient jadis de sa proche banlieue, ainsi que par les quartiers populaires de la Bastide et la Benauge (jadis conquis sur la commune de Cenon) au pied des coteaux de la rive droite de la Garonne. On peut, à l'intérieur de cette clôture

Carte 2. **Bordeaux et communes environnantes**

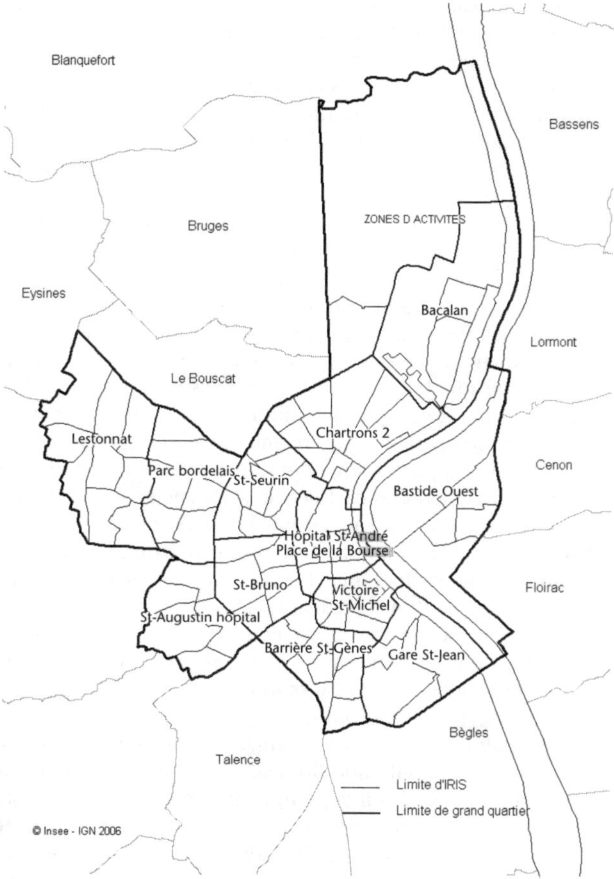

Sources : Insee-IGN, 2006.

historique, distinguer aisément un hypercentre administratif et commercial, un centre résidentiel architecturalement homogène et, au-delà des « cours » (artères de circulation intra-urbaine), les anciens faubourgs socialement plus diversifiés et bâtis d'« échoppes » (voir chapitre I) typiques. Pour l'administration municipale, Bordeaux s'étend bien au-delà : à l'ouest, à l'ancienne et bourgeoise commune de Caudéran (rattachée en 1965) et au quartier excentré de Saint-Augustin, et, au nord, à l'immense excroissance du nouveau quartier du Lac gagné sur des marécages et aux anciennes friches navales de Bacalan qui accueillirent les morutiers pendant plusieurs siècles. Elle est, depuis 1995, divisée en douze quartiers municipaux dont les associations s'efforcent de défendre l'identité et le caractère.

Pourtant, ni l'économiste ni le sociologue ne sauraient considérer cette entité administrative comme vraiment pertinente. Parmi les quartiers extérieurs à la couronne des boulevards, le très bourgeois quartier de Caudéran n'a pas plus de légitimité à appartenir à Bordeaux que la commune limitrophe du Bouscat, socialement comparable ; de même pour le quartier Saint-Augustin par rapport à un grand nombre de quartiers des communes périphériques de Talence ou de Bègles au sud. Quant au nouveau quartier du Lac, au nord, il n'est ni plus ni moins « bordelais » que la commune limitrophe de Bruges, aux portes méridionales du Médoc. Bref, l'entité administrative « Ville de Bordeaux » résulte d'une cote mal taillée entre un centre historiquement bien identifié et la première ceinture de communes périurbaines qui appartiennent à une agglomération dont la municipalité bordelaise a jadis, pour diverses raisons d'opportunité, annexé certains territoires.

Au plan administratif, l'entité urbaine la plus significative est incontestablement celle que Bordeaux et vingt-six communes périphériques ont créée en décidant, à partir du 1er janvier 1968, d'unir leurs forces au sein de la Communauté urbaine de Bordeaux (Cub). Ses principales missions [1] sont relatives au soutien du développement économique, à l'aménagement urbain (habitat, eau et assainissement, voirie) et aux transports

1. Compétences attribuées aux communautés urbaines par la loi du 31 décembre 1966.

publics. Forte de 660 091 habitants répartis sur 55 188 hectares, elle dispose d'un budget avoisinant le milliard d'euros dont plus du tiers est consacré à des dépenses d'équipement.

Enfin, pour les statisticiens de l'Insee Aquitaine [2006a, p. 116-117], Bordeaux donne son nom à une *unité urbaine* [2] constituée de cinquante et une communes juxtaposées : vingt et une situées sur la rive gauche de la Garonne et trente dans la vaste presqu'île formée par la Garonne et la Dordogne avant leur confluence au bec d'Ambès, sur un territoire total de 1 057 km³. L'ensemble plus communément dénommé *agglomération bordelaise*, qui compte deux communes supplémentaires [3], est fort de 762 421 habitants. C'est à cette entité que nous nous référerons couramment lorsque nous parlerons de *Bordeaux*, reprenant d'ailleurs le vocabulaire des habitants eux-mêmes qui se sentent appartenir à leur commune et à Bordeaux même quand ils vivent et travaillent hors de la ville-centre.

Bordeaux-métropole

Pour le sociologue, Bordeaux est un phénomène sociogéographique — un « fait social matérialisé » pour parler comme Durkheim — qui peut être convenablement appréhendé à partir des notions communes d'« agglomération » ou de « métropole » dans la mesure où se superposent un système topographique relativement homogène, d'une part, et de fortes interdépendances économiques, sociales et culturelles, de l'autre. Une large majorité de Bordelais partage une représentation stéréotypée de la « région bordelaise », sait la distinguer des principales entités urbaines limitrophes (Arcachon, Libourne, Andernos, Arès, Biganos, Saint-André-de-Cubzac et Coutras, qui sont des unités urbaines girondines de plus de 10 000 habitants) et perçoit plus ou moins confusément la « communauté de destin » locale qui

2. Selon l'Insee, une « unité urbaine est une commune ou un ensemble de communes qui comporte sur son territoire une zone bâtie d'au moins 2 000 habitants où aucune habitation n'est séparée de la plus proche par plus de 200 mètres ; en outre, chaque commune concernée possède plus de la moitié de sa population dans cette zone bâtie ».

3. Les communes d'Ambès, au nord, et de Martignas, à l'ouest. Voir la liste des communes en annexe.

Carte 3. **Unité urbaine de Bordeaux**

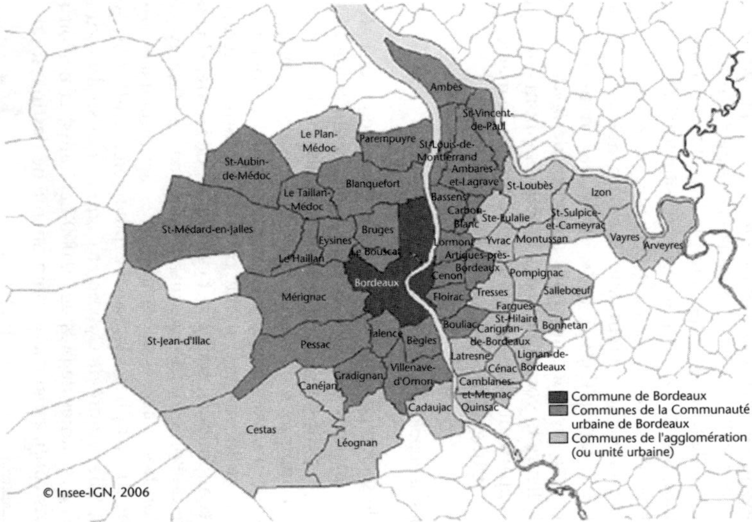

Source : Insee, *Recensement de la population.*

est de plus en plus la sienne. L'étudiant landais ou périgourdin installé sur le campus universitaire de Talence-Pessac est venu faire ses études à Bordeaux, tout comme le cadre de chez Ford travaillant à Blanquefort et résidant à Eysines est convaincu que, en assistant à un spectacle du Pin Galant à Mérignac ou du Carré des Jalles à Saint-Médard-en-Jalles, il participe à (et de) la vie culturelle bordelaise. De même, le convive bordelais expatrié offrant une bouteille de médoc ou de saint-émilion, deux régions viticoles extérieures à l'agglomération bordelaise, exhibe ostensiblement un produit de chez lui. Il suffit d'ailleurs de visiter les sites Internet dédiés à Bordeaux pour se convaincre que la capitale aquitaine est rarement identifiée à la seule ville du même nom mais, le plus souvent, à une métropole politique (la Cub) ou à une agglomération démographique (la cinquantaine de communes répertoriées par l'Insee), voire à une région administrative, l'Aquitaine. Bref, Bordeaux est une remarquable synecdoque, un tout et une partie de ce tout.

Mais, au-delà des symboles et des traditions, Bordeaux et son agglomération entretiennent des liens de plus en plus étroits de dépendance et d'interaction. Au plan des infrastructures d'abord : si la ville dispose, avec la gare Saint-Jean, d'un centre ferroviaire mettant Bordeaux à trois heures de TGV de Paris plus de vingt fois par jour, c'est à Mérignac qu'est situé l'aéroport international, et c'est vers les communes riveraines du Nord que le port s'est déplacé. Quant aux quatre axes autoroutiers du Nord (vers Poitiers et le nord de la France), de l'Est (vers Clermont-Ferrand et Lyon), du Sud-Est (vers Toulouse et la Méditerranée) et du Sud (vers la péninsule Ibérique), ils sont accessibles à partir de la rocade périurbaine qui, outre le contournement de Bordeaux, assure une grande partie des communications internes à l'agglomération. Au plan des ressources humaines ensuite : si les universités et les laboratoires de recherche bordelais, pour l'essentiel situés *extra muros*, fournissent une large part des compétences nécessaires au fonctionnement d'un secteur industriel « high tech », c'est le développement de ce secteur qui a permis celui de l'enseignement supérieur et de la recherche auquel les activités tertiaires, du commerce traditionnel, de l'administration, de l'enseignement et de la santé, d'une ville en déclin démographique et industriel prononcé n'étaient plus en mesure de fournir des débouchés professionnels suffisants. Enfin, symptôme fort d'interdépendance socioéconomique, si la quasi-totalité (96 %) des résidents de l'agglomération bordelaise y travaille, 44 % des Bordelais actifs travaillent dans une autre commune de l'agglomération ; à l'inverse, seuls 30 % des actifs travaillant à Bordeaux même y résident. Au total, seuls trois actifs sur dix de l'agglomération bordelaise travaillent dans leur commune de résidence [Chatel, 2004]. Cette forte mobilité pendulaire est désormais favorisée, et sans doute prochainement accrue, par la mise en service d'un tramway qui ne manquera pas de contribuer au désenclavement des quartiers et des communes populaires de la rive droite et, à terme, de ceux du Nord et de l'Ouest. Cependant, comme bien des agglomérations comparables, le trafic routier y est régulièrement engorgé le matin, le soir, le week-end et l'on discute aujourd'hui de la création d'une troisième ceinture routière qui pourrait éloigner le transit des camions et faciliterait les transhumances locales.

Par ailleurs, sur le plan aujourd'hui particulièrement valorisé du cadre de vie, Bordeaux jouit d'une réputation croissante de qualité qu'elle partage largement avec son proche environnement. Longtemps et sans doute justement stigmatisée pour son repli provincial, la ville, dans ses nouveaux atours urbanistiques, attire aujourd'hui autant pour ses ressources propres (monuments, sites et musées, spectacles et restaurants, espaces piétonniers et distractifs) que pour celles de sa région (la proximité des plages océanes et du bassin d'Arcachon, du Périgord ou encore du Pays basque, des Pyrénées et de l'Espagne) ou de ses nouvelles banlieues résidentielles (dans les pinèdes situées au-delà de la rocade autoroutière à l'ouest, ou dans les coteaux viticoles de l'Entre-deux-Mers à l'est).

Du patrimoine à l'innovation

Ainsi, c'est bien l'agglomération bordelaise qui constitue l'entité pertinente de description et d'analyse des phénomènes sociaux et socioéconomiques bordelais. La notion de métropole, souvent employée à l'égard des capitales régionales, prend ici son double sens de force conquérante et de puissance tutélaire. Bordeaux, dont le destin n'a jamais principalement reposé sur des enjeux nationaux, qui ne fut ni une place militaire ni une capitale politique, doit en effet l'essentiel de ses œuvres et de son style à l'exploitation économique d'opportunités régionales parfois lointaines : le bois landais, la vigne girondine, la polyculture de son vaste arrière-pays oriental, le fleuve, suffisamment navigable en amont pour lui permettre de commercer très au-delà de sa région naturelle et suffisamment proche de son embouchure océane pour commercer avec le monde entier, constituent autant des ressources « naturelles » qui ont fait d'elle ce qu'elle est. Si, dans la période contemporaine, certaines d'entre elles se sont fragilisées ou sont désormais largement obsolètes et si les prébendes administratives multiples ne peuvent plus assurer seules un développement satisfaisant, Bordeaux continue de toucher les dividendes de sa situation géographique et des compétences acquises depuis longtemps. Les ressources que constituent de vastes espaces ouverts à l'aménagement industriel et résidentiel, des richesses touristiques considérables, une voie de communication terrestre privilégiée avec l'Europe du Sud, mais aussi une longue tradition universitaire et scientifique, ainsi qu'une culture économique ouverte au cosmopolitisme contribuent largement à maintenir les moyens de son développement et, partant, sa place de métropole régionale [Dumas, 2000].

Parmi les 340 000 actifs de l'agglomération bordelaise, le commerce et les services représentent plus des trois quarts de l'emploi salarié privé réparti dans près de 30 000 entreprises, tandis que l'administration et les services publics absorbent près du quart de l'ensemble des emplois. Pourtant, si l'agglomération bordelaise ne peut compter que secondairement sur l'industrie (moins de 20 % des emplois salariés, construction comprise) pour faire vivre directement une population croissante [4], elle a su compenser une bonne partie des emplois perdus dans une industrie traditionnelle, aujourd'hui dévastée, par un dynamisme réel dans de nouvelles formes de production industrielle utilisant des

4. Au cours de la décennie 1990, l'agglomération bordelaise a connu une croissance annuelle moyenne de 0,63 %, soit près du double de la moyenne nationale.

Tableau 1. **Les principaux employeurs privés en Gironde (banques non comprises)**

Raison sociale, ***Activité***	**Localité**	**Effectif**	**CA (en milliers d'euros)**
Groupe Fayat, *Construction industrielle*	Bordeaux	8 003	1 132 200
EADS Sogerma Services EADS, *Maint. aéron.*	Mérignac	4 176	658 000
Ford Aquitaine Industries, *Automobile*	Blanquefort	3 402	664 430
Le Bélier, *Fonderie aluminium*	Vérac*	3 065	183 288
Groupe Sud Ouest, *Presse*	Bordeaux	2 443	288 000
GE Medical Syst. Gal Electric, *Imagerie médicale*	Pessac	1 917	1 101 527
Connex Bordeaux, *Transports*	Bordeaux	1 850	116 221
BMSO Saint-Gobain, *Matériaux de construction*	La Teste-de-B.*	1 546	343 609
Lectra, *Logiciels de CAO, matériel de FAO*	Cestas	1 500	184 665
Ceva Santé animale, *Pharmacie*	Libourne*	1 491	215 166
Snecma Propulsion solide, *Aéronautique*	Le Haillan	1 417	249 625
Presse & Éditions Sud Ouest, *Presse*	Bordeaux	1 153	163 464
Solectron FR, *Sous-trait. électronique*	Cestas	1 150	484 377
Castel Frères, *Vins*	Blanquefort	808	420 912
Lamy, *Agence immobilière*	Bordeaux	805	53 274
Marie-Brizard & Roger Int., *Boissons alcoolisées*	Bordeaux	605	377 889
Sogefi Cassous, *Bâtiment, travaux publics*	Mérignac	596	84 616
Surca Suez, *Ordures ménagères*	Pessac	574	79 205
Acteon, *Appareils électroniques*	Mérignac	516	65 990
Gaz de Bordeaux, *Gaz naturel et géothermie*	Bordeaux	499	144 389
Oxymétal, *Découpe aciers et plastiques*	Bordeaux	485	50 600
Maison Johanes Boubée Carrefour, *Distribution*	Bordeaux	480	489 761
Smurfit Cellulose Pin Jefferson Smurfit GP, *Papier*	Biganos*	463	223 262
Hypercosmos, *Hypermarchés*	Saint-Médard-en-Jalles	460	150 553
Roxel France EADS, *Armement*	Saint-Médard-en-Jalles	460	79 673
Polycliniq. Bordeaux, *Santé*	Bordeaux	457	43 819
S3G Presse & Éditions Sud Ouest, *Éd. journaux gratuits*	Pessac	446	47 355
Domofrance, *Gestion et construction*	Bordeaux	426	108 489
Cptoir Sud-Ouest GMT Tabur él., *Mat. électrique*	Bordeaux	415	122 852
Baron Philippe de Rothschild, *Vins*	Pauillac*	406	103 201

* Communes extérieures à l'agglomération bordelaise.

Sources : *L'Entreprise*, n° 229, décembre 2004, et www.lentreprise.com/fiches-entreprises/, 2006.

technologies de pointe et créatrices de forte valeur ajoutée mais faiblement pourvoyeuses d'emplois non qualifiés. Ce sont alors les catégories les plus populaires qui font les frais d'une configuration économique prioritairement favorable à des entreprises industrielles de faible taille (plus de 90 % ont moins de dix salariés) mais friande de moyens et hauts niveaux de qualification (la proportion de cadres est très sensiblement plus élevée que la moyenne nationale : 17 % *versus* 13 %).

La fragilité de l'héritage patrimonial

Le secteur agroalimentaire reste une valeur solide du patrimoine industriel local. Atout majeur de l'économie aquitaine (plus de 30 000 salariés répartis dans 4 400 entreprises dont toutes ne sont pas en Gironde, 9 milliards d'euros de chiffre d'affaires), il constitue l'une des activités bordelaises traditionnelles les plus employeuses de main-d'œuvre (Castel Frères, Marie-Brizard, LU...). Principalement structuré autour du vin et des spiritueux, il fédère en outre d'importantes structures publiques et privées de recherche et de formation dans un Pôle aquitain agroalimentaire et nutrition.

Au-delà du slogan convenu, Bordeaux est la « capitale mondiale du vin ». La viticulture bordelaise, c'est, bien plus que quelques « châteaux » prestigieux et hors de prix que beaucoup de Français connaissent mais auxquels ils ne pourront jamais goûter, près de 118 000 hectares de vigne, une soixantaine d'appellations différentes, 7 millions d'hectolitres par an et plus de 3 milliards d'euros de chiffre d'affaires. Premier producteur mondial de vins d'AOC [5], elle fait vivre 14 000 producteurs, occupe près de 50 000 salariés permanents ou occasionnels et mobilise 400 négociants dont certains ont, dans les années 1960, acheté quelques-uns des châteaux les plus prestigieux. La surface moyenne des exploitations avoisine les treize hectares ; les deux tiers sont des exploitations individuelles et un récoltant sur deux confie sa vendange à une coopérative.

5. L'appellation d'origine contrôlée (AOC) garantit l'authenticité d'un produit et la typicité de son origine géographique selon des critères édictés par l'Inao (Institut national des appellations d'origine).

L'identification de Bordeaux à sa vigne et à son vin ne doit pas cacher une réalité plus prosaïque. D'abord, le vignoble est moins bordelais que girondin et quelques châteaux parmi les plus prestigieux, Beychevelle, Haut-Bailly, Haut-Brion, Lascombes, sont aujourd'hui des entreprises industrielles à capitaux étrangers ou institutionnels, les assurances notamment. Ensuite, ce pilier de l'économie régionale est gravement ébranlé par une surproduction croissante due à la baisse régulière de la consommation intérieure à partir de la fin des années 1960 – alors même que le marché national absorbe les deux tiers de la production – et à la concurrence des autres producteurs européens et des nouveaux producteurs des deux Amériques ; les exportations vers l'Union européenne et vers des pays tiers se partagent en effet un tiers de la production locale. Enfin, le monde vinicole bordelais, qui assure effectivement la commercialisation de la production régionale, est régulièrement secoué par des « affaires » plus ou moins graves mais qui ne contribuent pas à rassurer un marché reposant désormais non plus sur un besoin mais sur un « goût » aux deux sens du terme.

Sur le plan de la consommation intérieure, les campagnes antialcooliques ne sont pas seules responsables d'une désaffection qui a ramené la consommation nationale à ce qu'elle était à la fin du XVIIIe siècle en valeur absolue [Garrier, 1998]. Il faut y ajouter de nouvelles conduites alimentaires. Le vin n'est plus, en France, considéré comme un « aliment » et comme la boisson saine des travailleurs. Il est victime de la concurrence d'autres boissons, y compris alcoolisées comme la bière, et, très certainement, de la perte de confiance progressive d'un consommateur déconcerté par la flambée des prix des crus les plus prestigieux, la multiplication des étiquettes, mais aussi une grande inégalité qualitative des appellations traditionnellement les plus sûres. Plus largement et au-delà des effets pervers d'un marché de plus en plus spéculatif, la crise vinicole bordelaise tient à l'introduction de nouvelles normes de production et de consommation favorisant, à l'instar de la culture anglo-saxonne dans ce domaine, le *cépage* au détriment du *terroir*, ainsi qu'à la relative standardisation des saveurs derrière laquelle lesdits terroirs sont de plus en plus difficilement identifiables [Giraud-Héraud, 2003]. La mode est aujourd'hui aux vins jeunes, alcoolisés, tanniques et, évidemment, « boisés ». En d'autres termes, la filière vitivinicole bordelaise est aussi bien menacée par des consommateurs en manque de repères [Saule, 2006] que par des négociants en oubli de terroir : comment assurer l'avenir du bordeaux s'il se distingue de moins en moins des autres vins et s'il se décline moins en appellations et plus en cépages (merlot, cabernet, sauvignon, etc.) ? L'Institut des sciences de la vigne et du vin (ISVV), qui vient de voir le jour et qui proclame sa vocation multidisciplinaire, n'aura pas seulement besoin de chimistes et d'économistes ; il devra aussi écouter les sociologues et les anthropologues.

Deuxième richesse « naturelle » de Bordeaux, le port fluvial n'est plus que l'ombre de lui-même. L'air et la route, plus que l'envasement, en ont largement eu raison. Avec un trafic annuel inférieur à 9 millions de tonnes, il se déleste peu à peu d'un vaste domaine foncier (4 000 hectares) et immobilier (2 200 hectares de zones d'activité) qui lui permet de combler un déficit financier chronique. Il a abandonné les quais de la rade urbaine (l'ancien « port de la lune » où peuvent maintenant flâner des promeneurs auxquels il est permis, de temps à autre, de rêver devant un paquebot de croisière) pour l'un de ses cinq terminaux spécialisés situés en aval de la ville. On y décharge produits pétroliers et chimiques au bec d'Ambès, engrais et nourriture animale, et on y embarque céréales (premier port européen exportateur de maïs), oléagineux ou encore produits forestiers. Son principal projet de développement est désormais, après un précédent et lourd échec, celui d'un terminal méthanier à l'embouchure de la Gironde, au Verdon, en collaboration avec une société néerlandaise.

Enfin, troisième grande ressource patrimoniale — la Gironde fournissant le quart de la production nationale de bois —, le bois et ses dérivés (papiers et cartonnages) mobilisent plus de 25 000 emplois dans la région. Mais la fragilisation de la filière par la mondialisation des échanges inquiète, malgré les espoirs mis dans le développement de la construction en bois et dans la récente labellisation gouvernementale (2005) d'un pôle de compétitivité « Industrie et pin maritime du futur ». Ainsi, si l'économie bordelaise peut continuer, malgré certaines vicissitudes, à faire fond sur le patrimoine vinicole, elle ne peut que constater la déréliction de son ancien destin maritime tout en conservant espoir pour le sort incertain de sa filière forestière.

La résistance du tertiaire

L'économie aujourd'hui dite « résidentielle » occupe 42 % des actifs de l'agglomération bordelaise, dont près du quart (23,3 %) dans la fonction publique d'État ou territoriale [6] [Duban et Wojciechowski, 2006]. Dans le secteur privé, l'ensemble des activités qui répondent aux demandes des populations résidentes ou de passage représente 135 000 emplois. Parmi les établissements les plus importants, on compte la Mutualité sociale agricole (MSA), la Caisse d'allocations familiales (Caf), la CPAM ou encore, dans le domaine des transports, la Connex (tramway et autobus) et la SNCF. Le commerce de détail est évidemment largement présent tant dans la ville-centre qu'avec les hypermarchés de la proche banlieue. Mais c'est le secteur des « services aux entreprises » qui, avec 70 000 salariés, semble être le plus florissant. Désormais plus employeur que l'industrie, il est principalement animé par les services opérationnels (le centre d'appels Cofinoga, à Mérignac, emploie près de 2 000 salariés), les entreprises de conseil et d'assistance (Apave Sudeurope, Stratégir, etc.) et de transport routier. La construction de bureaux, particulièrement importante dans la dernière décennie et cependant inférieure à la demande, est un indicateur supplémentaire du caractère actuellement florissant du secteur tertiaire. Dans le secteur de la santé, l'agglomération bordelaise compte 5 600 professionnels libéraux, dont 2 550 médecins, et dispose de 26 établissements privés ou publics offrant 9 800 lits. Dans l'ensemble, elle concentre environ un tiers de l'offre régionale aquitaine pour une population équivalant à 25 % de cette région [Insee Aquitaine, 2006a]. Si l'on veut bien en croire une étude récente, Bordeaux se placerait en tête d'un palmarès national de la « santé urbaine » et, plus particulièrement, pour l'offre de soins [Cuin, 2006].

Outre les 70 000 étudiants répartis entre quatre universités, deux ensembles d'IUT et une vingtaine de « grandes écoles », Bordeaux constitue un large réservoir de chercheurs dans des

6. Selon l'Insee, la sphère de l'« économie résidentielle » comprend principalement « les services aux particuliers, la construction, la santé, l'action sociale, le commerce de détail, les activités financières et le transport des voyageurs ».

domaines aussi différents et « avancés » que la chimie et la biologie (IECB), les sciences du vivant (ESTBB), les matériaux composites (LCTS), l'optique et les lasers (ILP), la modélisation, les nanotechnologies, l'informatique (LaBRI) [7]. Avec le projet d'un Pôle de recherche et d'enseignement supérieur, les universités bordelaises s'orientent désormais vers une intégration, jusqu'ici un peu lâche, et cherchent à atteindre la masse critique susceptible de leur donner un statut international. Par ailleurs, de grands projets sont en route avec le Laser Mégajoule (2 milliards d'euros d'investissements) qui donnera aux chercheurs le plus puissant laser du monde, ainsi que la création d'une plate-forme génomique fonctionnelle (université Bordeaux-II) permettant l'étude approfondie des mécanismes de virulence et des micro-organismes bactériens ou fongiques.

Enfin, ville administrative, Bordeaux accumule les fonctions de capitale régionale, de chef-lieu de département et de siège d'une communauté urbaine, autant de services gros employeurs. Les seules administrations locales (Conseil régional, Conseil général, Communauté urbaine de Bordeaux et mairies) emploient près de 35 000 fonctionnaires et gèrent en 2006 un budget global d'environ 3,45 milliards d'euros. L'enseignement public et la fonction publique hospitalière occupent respectivement près de 9 000 et 16 000 fonctionnaires. Bordeaux est donc largement une ville de fonctionnaires, ce qui n'est pas sans effet sur le poids des classes moyennes et sur ses orientations politiques. La prédominance de cette économie métropolitaine donne à l'agglomération le visage paisible d'une ville d'employés qui, aurait dit Tocqueville, ont trop à perdre et peu à gagner dans l'agitation politique et sociale [Laborde, 1998].

La nouvelle donne industrielle et scientifique

Bordeaux est cependant parvenue à rester une métropole industrielle, en dépit de la crise qui affecte les segments les plus traditionnels de ce secteur économique, concentrés dans les

7. Institut européen de chimie et de biologie ; École supérieure de technologie des biomolécules de Bordeaux ; Laboratoire des composites thermostructuraux ; Institut laser et plasma ; Laboratoire bordelais de recherche en informatique.

communes aujourd'hui socialement sinistrées du sud (Bègles) et de l'est (de Floirac à Ambès) de l'agglomération. La création, en 1996, d'une zone franche urbaine, la plus vaste de France, dans les quartiers bordelais de la rive droite et les communes de Lormont, Cenon et Floirac, a favorisé l'implantation d'un grand nombre de petites entreprises qui revendiquent la création de près de 7 500 emplois ayant contribué à une baisse sensible du chômage local [Cub, 2006]. En outre, l'industrie mécanique a survécu à Blanquefort où Ford reste le premier employeur industriel local avec plus de 3 500 salariés.

Mais, pour l'essentiel, l'industrie a changé de visage au plan productif avec le développement d'activités de haute technologie et à forte valeur ajoutée, et au plan géographique avec la migration spectaculaire de l'essentiel de l'activité industrielle de l'est vers l'ouest de la ville. À l'évidence, cette nouvelle configuration est due à l'exploitation de ressources stratégiques significatives, telles que la présence d'universités et de centres de recherche technologique et scientifique ainsi qu'une tradition industrielle aéronautique et d'armement, mais aussi à une conjonction d'opportunités topographiques : la proximité de l'aéroport de Mérignac, la bonne accessibilité de l'axe routier Nord-Sud atlantique et une disponibilité foncière presque indéfiniment extensible vers l'ouest, la périphérie occidentale de l'agglomération bordelaise étant la seule qui soit dépourvue de vignobles.

L'industrie bordelaise compte ainsi, à côté des grands noms d'un secteur aéronautique-spatial-défense (Dassault, EADS, Snecma, SNPE...) employant 38 000 salariés et réalisant un chiffre d'affaires de 3,8 milliards d'euros, un secteur électronique, informatique, TIC (Lectra, Solectron, Thalès...), fort de 20 000 emplois dans 2 000 établissements dont un grand nombre de « jeunes pousses » confirmées (Axyz Images, eDevice), ainsi qu'un secteur « santé » (Acteon, Elipse, Sanofi-Aventis, Satelec...) concernant 8 000 emplois. Chez les Bordelais, cette image futuriste de leur région est illustrée par les moteurs de la fusée Ariane, les avions Falcon, le cockpit de l'Airbus A380 ou les missiles, et renforcée par le spectacle d'un secteur universitaire et scientifique particulièrement développé. Aussi la récente fermeture (mai 2006) du site mérignacais de la Sogerma, filiale de la puissante EADS dans la maintenance aéronautique civile et militaire, a-t-elle cruellement frappé les esprits.

C'est donc bien tout le paysage démographique et social de l'agglomération qui, au cours des vingt dernières années, s'est recomposé. Les communes rurales ou semi-rurales de l'Ouest et du Sud-Ouest, où nombre de ces nouveaux établissements industriels se sont installés, ont désormais intégré l'agglomération bordelaise avec une population largement accrue. Cestas et Saint-Médard-en-Jalles ont, par exemple, multiplié leur population respectivement par 2,6 et 1,6 entre 1975 et 1999. Ce type de développement s'est fait au profit des catégories sociales moyennes et supérieures : des techniciens, des ouvriers très qualifiés, des ingénieurs, des chercheurs et des cadres.

Si cette nouvelle donne est loin de faire de Bordeaux une grande ville industrielle et si la « nouvelle économie » n'est pas dépourvue de fragilité comme en témoignent certains échecs retentissants (Kalisto en 2002), il n'est pas moins vrai que c'est elle qui lui apporte aujourd'hui de bonnes raisons de croire en la fin de l'asthénie économique qui lui a valu de peu flatteuses épithètes [Delfaud, 2006]. Aussi peut-on voir dans le fait que 32 % des effectifs salariés de l'industrie et 43 % des investissements concernent des entreprises industrielles à capitaux étrangers, ou encore dans la décentralisation récente vers la région bordelaise des départements « Recherche et Développement » de plusieurs grands établissements industriels internationaux (Eurovia, Linkuall, Rhodia), sinon une garantie de pérennité, du moins la marque de réels avantages comparatifs. En tout état de cause, les investissements réalisés par une volonté politique locale, à grands frais autant qu'à grand bruit, dans le domaine des infrastructures matérielles (équipements) et immatérielles (recherche et formation) constituent d'ores et déjà les conditions nécessaires, pas forcément suffisantes, de possibles développements ultérieurs [8].

8. La « pépinière » Bordeaux Technopole regroupe trois sites d'implantation (Bordeaux Technowest, Bordeaux Unitec et Bordeaux Montesquieu) qui accompagnent les porteurs de projets innovants en favorisant les infrastructures d'accueil et les transferts de technologie.

Carte 4. **De nombreux emplois industriels sont situés en grande périphérie de l'agglomération**

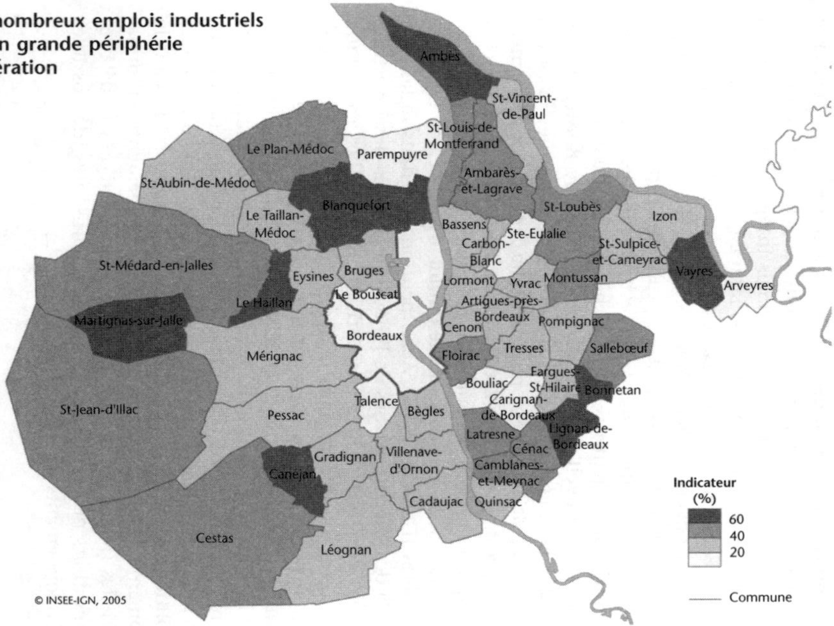

Sources : Insee-Clap, 2003.

Sort collectif et destins individuels

L'agglomération bordelaise se signale par sa grande vitalité démographique. En trente ans, sa population s'est accrue de 170 000 âmes et connaît, depuis 1999, un taux de croissance annuel moyen proche de 1 % dont les deux tiers proviennent du solde naturel. Proportionnellement, les étrangers extérieurs à l'Union européenne (26,6 ‰) y sont considérablement moins nombreux que sur l'ensemble du territoire national (35,3 ‰). Il en résulte une structure par âge où la tranche des 20-39 ans est sensiblement plus nombreuse que dans la pyramide nationale (32,1 % *versus* 28,1 %) du fait, pour l'essentiel, de la présence d'un grand nombre de couples jeunes et d'étudiants. Avec un rapport du nombre de jeunes de moins de 20 ans à celui des personnes de plus de 60 ans égal à 1,22 (contre 1,15 pour la France métropolitaine), Bordeaux apparaît comme une ville relativement « jeune ».

Tableau 2. **Population totale par sexe et âge**
(en %)

Âges	**Unité urbaine de Bordeaux**			**France métropolitaine**
	Hommes	**Femmes**	**Total**	
0 à 19 ans	24,7	21,3	22,9	24,6
20 à 39 ans	32,9	31,4	32,1	28,1
40 à 59 ans	26,4	25,9	26,1	26,0
60 à 74 ans	10,9	12,3	11,6	13,6
75 ans ou plus	5,1	9,1	7,2	7,7
Total	100,0	100,0	100,0	100,0

Source : Insee, 1999.

Une stratification sociale déséquilibrée

Le contexte économique actuel confère à Bordeaux et son agglomération un visage social marqué par quelques traits spécifiques, comme le montre le tableau 3 : une forte représentation des catégories sociales supérieures et, surtout, moyennes (près de la moitié des actifs) ; des catégories populaires massivement constituées d'employés (ceux de la fonction publique occupent à eux seuls 12,7 % des emplois) et faiblement ouvrières (le pourcentage d'ouvriers, évalué à 20,4 %, est inférieur de cinq points à la moyenne nationale). Ce relatif déséquilibre de la stratification sociale provient à la fois, comme on vient de le constater, de la prédominance de l'« économie résidentielle » et d'une activité industrielle faiblement utilisatrice de main-d'œuvre. Par rapport aux autres grandes agglomérations nationales, le taux d'activité (71 %) se situe dans la moyenne mais la population active est sensiblement plus féminisée (67 % des femmes de 15 à 59 ans travaillent ou cherchent un emploi). Enfin, en 2006, le taux de demandeurs d'emploi (8,5 %) est comparable à la moyenne nationale (9 %). Le prochain chapitre analysera ces données factuelles.

Une ville riche avec beaucoup de pauvres

L'agglomération bordelaise présente cette caractéristique troublante de posséder un revenu moyen sensiblement plus élevé que la moyenne nationale : 15 992 euros, contre 15 337 euros pour la France entière en 2001 d'après l'Insee. Si l'on excepte Paris, Bordeaux vient en troisième position après Lyon et Toulouse et ce revenu a lui-même un pouvoir d'achat supérieur à celui qu'il aurait dans les huit plus grandes villes de France. Dans le même temps, l'agglomération compte un nombre particulièrement élevé d'individus et de ménages en situation précaire [Michel, 2006]. Mais de fortes disparités existent entre les différents secteurs urbains et plus précisément entre les deux « arcs » verticaux qui enserrent l'agglomération à l'ouest et à l'est. Ainsi, le revenu médian annuel chute de moitié entre les deux communes périphériques de Cestas (21 000 euros) et Lormont (11 000 euros). Dans la commune de Bordeaux elle-même, où le revenu médian par unité de consommation est de 16 117 euros (contre 14 934 pour la France de province), le rapport interdécile est de 8,6 (contre 5 pour la France de province) [Mathio, 2006]. La plupart des 16 quartiers bordelais « en grande difficulté » se situent dans cet arc oriental. L'ensemble de l'agglomération compte

Tableau 3. **Emplois au lieu de travail par catégorie socioprofessionnelle**
(en %)

	Unité urbaine de Bordeaux		France métropolitaine
Agriculteurs	0,3	0,3	2,7
Artisans	2,4		
Commerçants	2,7	5,8	6,7
Chefs d'entreprise	0,7		
Prof. libérales	1,9		
Cadres fonction publique	6,9	15,3	13,1
Cadres d'entreprise	6,6		
Prof. intermédiaires	11,2		
Prof. inter. adm. d'entreprise	8,9	26,9	23,1
Techniciens	4,5		
Contremaîtres	2,3		
Employés fonction publique	12,7		
Employés d'entreprise	8,9	31,4	28,9
Employés de commerce	4,2		
Pers. de service	5,5		
Ouvriers qualifiés	13,4		
Ouvriers non qualifiés	6,5	20,4	25,4
Ouvriers agricoles	0,5		
Total	100,0		100,0

Source : Insee, RP 1999.

45 quartiers « prioritaires » de plus de 650 habitants, dont 29 classés « sensibles » [Duban, 2005].

La spécificité de l'économie bordelaise, largement dominée par des activités de qualification moyenne dans le commerce et les services aux particuliers, et supérieure dans l'industrie et les services aux entreprises de haute technologie, est visiblement peu favorable aux catégories les plus culturellement et scolairement démunies de la population. Ces catégories sont celles-là mêmes que la disparition de l'essentiel de l'industrie de main-d'œuvre a « laissées sur le carreau » des établissements désormais fermés. Enfin, on peut avancer l'idée que ce prolétariat a pu être attiré par une zone urbaine où le coût de la vie est plus modéré qu'ailleurs ; l'agglomération bordelaise connaît en effet un solde migratoire particulièrement important qui n'est sans doute pas seulement lié à l'attrait d'opportunités professionnelles de haut niveau.

Si les Bordelais sont globalement plus riches, plus instruits, plus jeunes ou encore mieux soignés que la moyenne des Français, ils sont aussi plus souvent bénéficiaires du RMI (38 ‰ *versus* 31 ‰) ou dépendants des revenus de la Caf (27,1 *versus* 26 %), ils sont moins souvent propriétaires de leur résidence principale (47,5 % *versus* 54,7 %) et vivent plus souvent dans des familles monoparentales (28 % *versus* 23,7 %) [Insee Aquitaine, 2006a]. C'est dire que si le sort collectif de Bordeaux, fondé sur des ressources notables et un réel dynamisme, est loin d'être défavorable, les expériences sociales de ses habitants sont largement différenciées et leurs destins individuels parfois cruellement contrastés.

III / Classes et milieux sociaux

À l'échelle française, Bordeaux est une ville moyenne de province. Mais elle est une petite ville dans le mouvement mondial de l'urbanisation. Cette taille « intermédiaire » explique en grande partie les caractéristiques principales de la vie sociale. Les inégalités n'y ont pas explosé et n'ont pas brutalisé le paysage urbain ; elles se sont maintenues à un niveau « acceptable » autour d'une petite classe moyenne d'employés et de professions intermédiaires omniprésente dans l'agglomération. La ségrégation sociale entre les quartiers y est aussi d'une grande stabilité malgré l'étalement de plus en plus important et un mouvement de « gentrification » qui a quelque peu redonné à la ville-centre des fonctions urbaines et sociales qu'elle avait tendance à perdre. Enfin, la sociabilité est fortement marquée par une « interconnaissance » relative : les noms des familles bordelaises y sont connus et la « scène » urbaine est suffisamment réduite pour que les interactions s'y développent. Malgré l'étalement, l'anonymat parisien n'a pas cours à Bordeaux. Il existe une « vie bordelaise » qui s'organise autour des activités de loisirs et des mouvements pendulaires entre les plages l'été et la montagne l'hiver ; elle est marquée par des stratégies de distinction et de « fermeture » des groupes sociaux dominants, une sociabilité étudiante et « underground », l'atonie des activités culturelles et le développement d'une vie « périphérique » de plus en plus autonome.

La ville et les classes

La répartition des classes sociales

Avec Lyon, Nantes et Toulouse, mais en deçà de Paris, Bordeaux fait partie des villes où les revenus sont relativement élevés par rapport aux moyennes nationales. Depuis une trentaine d'années, l'agglomération a connu une double transformation : un « déplacement » vers le haut de la hiérarchie sociale et, en même temps, un étalement vers le périurbain, accompagné d'une croissance des emplois beaucoup plus forte dans ces zones que dans les autres parties de l'agglomération. De 1990 à 1999, 20 000 emplois supplémentaires ont été créés dans l'agglomération de Bordeaux. Ce mouvement général ne doit pas masquer le fait que la répartition des emplois a profondément évolué : la ville-centre a perdu de nombreux emplois pendant que la périphérie en gagnait plus encore. En 1990, 50 % des emplois étaient localisés dans la ville de Bordeaux ; ils ne sont plus que 43 % en 1999. En parallèle à ces changements, la proportion des ouvriers a chuté nettement en trente ans : ils comptaient pour 35 % des actifs en 1968, ils sont à peine 20 % aujourd'hui. À l'inverse, les proportions de professions intermédiaires et de cadres ont fortement progressé : un actif sur sept appartenait à la première catégorie en 1968, ils sont un sur quatre en 1999 ; un actif sur dix appartenait à la catégorie des cadres en 1968, ils sont un sur six en 1999. Les professions supérieures, cadres et commerçants représentent 21,1 % de la population active, et les professions intermédiaires 26,9 %. Le nombre d'employés est en revanche important (un tiers des actifs) et explique le maintien d'une forte présence des catégories populaires (un peu plus de la moitié des actifs). Comme celles-ci se concentrent essentiellement dans la première couronne de la ville, la proche banlieue est la zone la plus peuplée de l'agglomération, 38 habitants sur 100 y résidant, l'augmentation des populations appartenant aux catégories de cadres et des professions intermédiaires s'est faite essentiellement dans les zones périurbaines où résident 34 habitants sur 100 aujourd'hui, presque autant que dans la proche banlieue. La conséquence est une ville-centre qui occupe proportionnellement de moins en moins d'espace et qui abrite une part de la population de plus en plus faible : 28 % de la population y réside aujourd'hui.

Cette évolution de l'agglomération en trois ensembles relativement distincts recouvre les différences assez notables en termes d'inégalités et de répartition entre les zones. Les populations aux revenus les plus élevés sont concentrées dans certaines périphéries, souvent les plus lointaines : Cestas, Bouliac, Saint-Jean-d'Illac affichent les plus hauts revenus médians de la région Aquitaine. Ces populations que l'on retrouve le plus souvent à l'ouest de l'agglomération appartiennent aux professions intellectuelles supérieures ou cadres, à une population tenant sa position de ses compétences plus que de son capital économique. Elles comptent pour plus des deux tiers des actifs dans les quartiers et les communes qui affichent ces revenus médians les plus élevés. Toujours à l'ouest de l'agglomération, dans les zones périurbaines, Gradignan, Canéjan, Cestas, Le Haillan, Saint-Médard-en-Jalles sont aussi des communes où les salaires sont les plus élevés. Signe d'une concentration forte des catégories sociales aisées, ces zones d'habitation sont aussi celles qui présentent le moins d'écarts de revenus [Insee, 2003, 2006b]. Elles sont essentiellement composées de pavillons avec jardin, comportant très souvent une piscine. Le mode de vie y est fortement « américanisé ». Le plus souvent, les deux membres du couple travaillent. Ils possèdent deux voitures et les utilisent pour se rendre à leur travail. Les industries et les services sont venus s'installer dans ces zones, à l'ouest, à cause de l'espace disponible et du prix des terrains, permettant ainsi aux résidents de bénéficier d'un cadre de vie agréable. Les quartiers d'habitation sont organisés autour des zones commerciales. Les activités de loisirs ont aussi tendance à se localiser dans ces zones, loin, de plus en plus loin, d'une ville-centre que ces populations fréquentent de moins en moins. Les ouvriers et les employés résidant à l'est doivent se déplacer beaucoup plus loin et affronter, le plus souvent, les embouteillages de la rocade encerclant la première couronne. Bordeaux et son agglomération ont connu une évolution comparable à celle de la région parisienne : une destruction importante des emplois ouvriers à l'est de la ville et une création d'emplois, souvent plus qualifiés, à l'ouest, imposant aux populations de l'est des déplacements importants domicile-travail. Le poids et surtout l'autonomie de la vie périurbaine sont ainsi sans cesse croissants.

À l'inverse, la ville-centre et la plupart des « banlieues » proches présentent des écarts de revenus relativement importants. Elles concentrent des ménages aisés et des familles modestes, voire pauvres. De fait, plus le revenu médian de la commune est faible, plus les écarts de revenus sont marqués. À Bordeaux, ils passent de 1 à 9. L'hypercentre juxtapose des « îlots de richesse » où les revenus fiscaux sont les plus élevés en Aquitaine, à des « îlots de pauvreté », des quartiers déshérités comparables à ceux qui se retrouvent sur la rive droite, dans les communes populaires dans la banlieue proche, à l'est de la ville : Cenon, Floirac, Lormont. La commune de Bordeaux accueille de nombreux ménages démunis : elle compte un nombre important de ménages allocataires du revenu minimum (90 allocataires du RMI pour 1 000 habitants contre 38 pour 1 000 dans l'ensemble de l'agglomération) et affiche la plus forte proportion de ménages dépendants des prestations sociales (37 % des ménages bordelais disposent de ressources dont plus de la moitié est composée de prestations Caf, contre 27 % dans l'agglomération). Dans l'hypercentre, 10 % des résidents du quartier Capucins-Victoire en âge d'en bénéficier sont allocataires du RMI : une proportion équivalente à celle que l'on trouve dans les communes de grands ensembles de la rive droite. La ville-centre possède aussi des quartiers fortement marqués par des processus de « gentrification », c'est-à-dire par la croissance des populations appartenant aux classes moyennes supérieures, population de « manipulateurs de symboles » [Reich, 1993], essentiellement composée de professions intellectuelles. Les vieux quartiers de Saint-Pierre au centre et des Chartrons au nord de la ville sont fortement marqués par ces évolutions, ainsi que la ville de Bègles, au sud de Bordeaux, autrefois ville ouvrière très traditionnelle.

Dans les communes populaires de la rive droite de la Garonne réside une population ouvrière et de petits employés aux revenus modestes. Rappelons que si l'on compare le revenu médian de Lormont, commune pauvre de la banlieue Est, à celui de Cestas, commune périurbaine riche de l'Ouest, il varie du simple au double. Dans cette banlieue proche où réside un peu plus de

40 % de la population de l'agglomération, vivent pour l'essentiel de « petites classes » moyennes (artisans, petits commerçants, techniciens et contremaîtres) et des classes populaires (employés et ouvriers). Elles habitent très souvent dans des zones pavillonnaires qui ont aussi tendance à s'étaler vers l'est, ainsi que dans les quartiers d'habitat social, les immeubles HLM qui dominent toute la rive droite, mais aussi le nord de l'agglomération bordelaise. Elles constituent une part importante des 440 000 personnes qui se déplacent quotidiennement pour rejoindre leur travail, soit dans les zones périurbaines de l'ouest, soit vers les zones commerciales du nord de l'agglomération, soit enfin vers le centre-ville de Bordeaux.

Les trois villes

Cette première approximation de la répartition des classes sociales dans l'espace urbain montre une ville partagée en trois ensembles distincts : un centre marqué par de fortes inégalités, regroupant des catégories supérieures, des bourgeois au sens traditionnel, mais aussi une nouvelle bourgeoisie intellectuelle, et des catégories « pauvres » ; une première couronne, autour des « boulevards » où se concentrent les catégories moyennes et des enclaves populaires ; au-delà de la rocade, un monde périurbain dans lequel se sont installées des classes supérieures et qui tend à s'autonomiser de la vie urbaine traditionnelle. De fait, la répartition des proportions de ménages imposés sur le revenu dessine parfaitement une ville en trois couronnes : plus on s'éloigne du centre et plus cette proportion augmente. Elle est faible dans la ville-centre et dans les communes populaires de la rive droite (moins de 65 % de ménages imposés), moyenne dans les communes qui se placent entre la ville et le périurbain (entre 65 % et 75 %) et forte dans les communes périurbaines (plus de 75 %) [Insee, 2006a].

Cette première ébauche fait de Bordeaux une ville très « américaine » marquée par une faible densité, l'importance des déplacements automobiles et une distribution des revenus inversement proportionnelle à l'éloignement du centre. Alors que l'on pourrait penser que le centre est riche et actif et que plus on est pauvre plus on s'éloigne, Bordeaux rappelle les descriptions des grandes villes américaines où le centre met en présence les plus pauvres et les plus riches, sans qu'ils se fréquentent d'ailleurs, tandis que les classes moyennes supérieures vont chercher de l'espace, du confort et de l'homogénéité dans les banlieues les plus lointaines et les plus paisibles. Entre les deux, les moins fortunés souffrent des inconvénients de la ville sans en partager les plaisirs. Bien sûr, cette image est extrêmement grossière, mais elle est renforcée par une présence forte des immigrés et des minorités ethniques dans quelques quartiers du centre-ville et dans la première couronne urbaine, notamment dans les cités des Hauts de Garonne, les communes pauvres de la rive droite. Les trois « vitesses » de l'agglomération traduisent une hiérarchisation sociale nette des espaces urbains et une juxtaposition plus ou moins concurrentielle des classes sociales. Les quartiers « aisés » de cadres et de professions intermédiaires, à l'ouest de la ville, s'opposent aux quartiers « populaires » d'ouvriers et d'employés à l'est. Les quartiers de classes moyennes de la proche banlieue se différencient des quartiers périurbains de classes moyennes et supérieures. Enfin, les quartiers du centre sont caractérisés par la proximité de populations pauvres et riches [Insee Aquitaine, 1998]. Mais, plus qu'une ville à trois vitesses, où les différentes zones seraient à la fois distinctes et unies par leur complémentarité, ce sont plutôt trois villes qui se juxtaposent dans l'agglomération. Les différentes zones de l'agglomération se définissent et s'organisent de moins en moins dans leur rapport au centre et sont de moins en moins interdépendantes.

Cette image tripartite doit néanmoins être quelque peu nuancée. Le centre ne constitue pas une ville duale, certaines zones périurbaines sont très populaires, notamment celles autour du nord de Bordeaux où résident les employés des grandes zones commerciales et les ouvriers de l'automobile, la banlieue proche n'est pas uniquement composée de classes populaires, certaines communes étant plutôt riches, notamment celles autour du campus qui comptent un nombre important d'habitants appartenant aux professions intellectuelles. Cette relative « mixité » des espaces urbains découle d'une structure de classe qui a tendance à se renforcer au milieu ou plutôt dans les catégories supérieures du monde populaire. La forte croissance des « professions intermédiaires » et des « employés » (Insee) explique ce phénomène. Il tient aussi au fait que Bordeaux n'a jamais été une ville structurée par l'industrie. La classe ouvrière y a toujours été relativement faible, même aux temps des chantiers navals. Les espaces urbains qu'elle a pu marquer sont depuis longtemps transformés ou ont suivi sa propre évolution : des quartiers populaires de la Bastide où résidaient les ouvriers métallos jusqu'aux zones pavillonnaires de Pessac, Mérignac ou Ambès où se sont installés les ouvriers, beaucoup plus qualifiés, de l'aéronautique et de la pétrochimie, c'est-à-dire la « nouvelle classe ouvrière ». La séparation du lieu de travail et du lieu de résidence a accéléré le déclin de la conscience de classe et transformé profondément les modes de vie en donnant à la consommation une place centrale. La mixité relative tient aussi à l'ancienne et forte présence des employés des services publics, employés de La Poste, de la SNCF, des administrations, des hôpitaux et des établissements scolaires, qui constituent un monde social très fortement présent dans tout l'espace urbain et dont le poids politique est considérable.

Le poids politique et urbain des classes moyennes

Le poids des employés des services publics et des entreprises liées à l'État explique aussi nombre de caractéristiques de la vie syndicale et politique locale. En ce sens, Bordeaux, avec sa proche banlieue, plus que l'agglomération dans son ensemble, est une ville du Sud : l'importance de l'emploi public et des petites entreprises y explique la faiblesse de la conscience et de la culture ouvrières proprement dites, qui ont finalement peu marqué la vie sociale et la vie syndicale, et, à l'inverse, un poids du politique et parfois de l'idéologie plus lourd que dans les villes du nord et de l'est de la France. Cette réalité sociale a été la source de la puissance des notables socialistes et de sa contrepartie, un « gauchisme » longtemps assez florissant. Les grandes luttes ouvrières appartiennent à un passé révolu, le temps des chantiers navals dans les années 1950 et celui des grandes grèves aux usines Dassault dans les années 1960. Surtout, le monde des dockers, fortement corporatif et étroitement lié au Parti communiste, a dominé la vie syndicale et populaire aux dépens de l'expression d'autres formes de conscience ouvrière [Lapeyronnie, 1991]. Dès les années 1970, les dockers ont disparu avec le déclin du port et le monde ouvrier, déjà faible, s'est effondré. Les luttes pour la défense de l'emploi, notamment les longues grèves et les longues occupations emblématiques de l'usine textile de Saint-Joseph et de l'entreprise métallurgique Bordeaux Sud, mises en avant par la CGT et le Parti communiste dans les années 1970, ont échoué et n'ont pas empêché la multiplication des fermetures d'entreprises.

D'un autre côté, les salariés associés au secteur public ont toujours constitué une force sociale et politique importante. Après la Seconde Guerre mondiale, lors de la scission syndicale, le syndicat CGT-FO, regroupant essentiellement les fonctionnaires, était largement plus puissant que la CGT qui accueillit la plupart des ouvriers. Bordeaux fut le cœur des grandes grèves de 1953, notamment chez les employés des PTT. On retrouve cette capacité de mobilisation lors du mouvement de décembre 1995, où des manifestations massives regroupèrent autour des employés du secteur public une large partie de ces petites classes moyennes. C'est aussi cette logique sociale qui explique la force du mouvement des étudiants dans la ville en 2006 : enfants de ces catégories, ils défendaient un statut futur que les projets du gouvernement menaçaient. Pendant longtemps, l'importance de ces catégories moyennes, renforcées par la forte présence étudiante, a aussi alimenté une « extrême gauche » d'autant plus idéologue que sa base ouvrière était inexistante. Numériquement très faible, elle a cependant pu avoir, parfois, une certaine influence, comme sur l'union départementale de la CFDT dans les années 1970 ou encore, dans les années 2000, à travers les mouvements antinucléaires et les campagnes d'opposition à Alain Juppé. Il en résulte aussi une certaine « tradition » idéologique radicale, largement présente dans les mouvements étudiants. À la fin des années 1990, les luttes des sans-papiers ont ainsi été fortement soutenues et parfois instrumentalisées par les militants d'extrême gauche. Sur le plan de la vie urbaine, cette « tradition » se marque par toute une activité sociale et politique, plus ou moins militante, qui passe par exemple par certaines compagnies théâtrales ou l'éclosion de lieux de création. Le succès du cinéma Utopia, installé au cœur du quartier

« bobo » de Saint-Pierre dans le centre de Bordeaux, associant distinction intellectuelle et radicalisme politique, est une des expressions les plus récentes de cette tradition locale.

Classes et vie urbaine

Le poids toujours central des catégories sociales moyennes et une périurbanisation essentiellement portée par les classes moyennes supérieures et les catégories favorisées expliquent largement l'évolution de la vie urbaine : trois grands espaces urbains se dessinent qui possèdent chacun leur logique et sont caractérisés par des modes de vie et des problématiques différents.

La « ville émergente »

La vie urbaine est ainsi de plus en plus marquée par le développement des espaces périurbains qui tendent à peser sur l'ensemble de l'organisation de la vie de l'agglomération : ils concentrent l'essentiel des classes moyennes et supérieures et voient leur poids démographique mais aussi financier et politique augmenter. Ils imposent un univers urbain de plus en plus fragmenté. Si la ville-centre a gardé certaines fonctions administratives et éducatives, ces espaces sont de plus en plus autonomes. Ils possèdent leur propre vie urbaine, organisée autour des centres commerciaux, mais aussi autour d'une offre culturelle et de loisirs devenue essentielle. Nombre de communes se sont efforcées de construire un centre capable de fixer les habitants et de les détourner des loisirs, des commerces et des services de l'hypercentre historique de Bordeaux. Pour les habitants de ces zones, le lien avec le reste de la ville est souvent des plus ténus. Ils ont davantage de connexions avec le littoral tout proche, voire avec les Pyrénées. Surtout, l'habitat pavillonnaire permet de développer un modèle de vie très familial, centré sur les enfants et les loisirs. Chacun peut exploiter au maximum l'association d'indépendance, de libre choix et de mobilité tout en bénéficiant des « avantages » de la ville, notamment l'offre de services et d'éducation. Surtout, en desserrant la ville, ces espaces périurbains permettent une construction de l'entre-soi ethnique et social, par la mise à distance des immigrés et des classes populaires. Le prix du foncier joue comme un filtre qui retient ces catégories dans la première couronne de l'agglomération et dans les quartiers pauvres du centre ou qui les envoie dans la lointaine périphérie, notamment à l'est de la ville dans les communes semi-rurales où s'implantent de plus en plus souvent des HLM. De fait, cet espace périurbain n'est pas complètement homogène du point de vue social. D'un pavillon à l'autre, d'un quartier à l'autre, d'une commune à l'autre, des différences nettes peuvent apparaître. Elles tiennent pour l'essentiel aux emplacements : la proximité du littoral ou la facilité d'y accéder, l'environnement paysager immédiat, les services offerts tracent une hiérarchie parfois plus subtile, mais très prégnante, à l'intérieur des catégories moyennes.

Ces zones périurbaines qui entourent l'agglomération à l'ouest et aussi partiellement à l'est ne sont donc pas des banlieues. Une banlieue se définit et s'organise par rapport à une ville-centre. Elle en est dépendante du point de vue social, politique et économique. Au contraire, le monde périurbain n'est pas totalement dépendant de la ville-centre : l'urbanisme et la vie sociale s'y organisent en toute autonomie. Mieux, la répartition des emplois, des revenus et des ressources montrent une inversion des logiques : c'est plutôt le reste de l'agglomération qui devient dépendant des zones périurbaines. Les élites et les classes supérieures sont de plus en plus concentrées dans les communes périphériques. Elles y développent un « urbanisme » spécifique, organisé autour de la maison individuelle, des lotissements, parfois des lotissements fermés, et des centres commerciaux. L'usage de l'automobile y est essentiel à la fois pour la vie quotidienne et pour se rendre au travail. Les quartiers de cette ville périphérique ne sont pas non plus dépourvus de vie sociale : les relations de voisinage et les formes d'interconnaissance, même limitées, y sont au moins aussi fortes que dans les zones urbaines plus traditionnelles. Dans la « ville émergente », selon l'expression de Scott Greer [1962], la vie sociale s'organise autour de la préservation de la vie privée et familiale et de l'indépendance matérielle. L'ordre moral et social qui s'impose dans les quartiers n'en est que plus contraignant : il repose sur l'aversion des conflits ouverts et une gestion des difficultés par la mise à distance et l'ostracisme, par l'affirmation d'une « similitude » des habitants. Tout ce qui peut entraver la fluidité et le calme de la vie urbaine, tout ce qui peut empiéter sur la vie privée de chacun est tenu à l'écart ou poussé « dehors ». Le monde des quartiers périurbains est le lieu d'une « culture morale » des « liens faibles », largement partagée, dont les normes de civilité s'imposent avec une forme d'évidence à tous les habitants.

Il reste que le monde périurbain n'est pas aussi univoque qu'une lecture trop distanciée pourrait le laisser penser. Les quartiers sont aussi diversifiés et possèdent leurs caractères propres. Sur le plan social, la logique des lotissements et la faible densité conduisent à une ségrégation à la fois subtile et très puissante. Sur le plan des fonctions urbaines, des écarts se construisent aussi entre les zones « dortoirs », dans lesquelles la population est essentiellement formée de cadres moyens et d'employés qui travaillent souvent dans des zones plus ou moins éloignées, et les zones « riches » de « cadres supérieurs » qui vivent, eux, à proximité des emplois qu'ils occupent. Sans aller jusqu'à observer la formation de *edge cities* selon l'expression américaine [Garreau, 1988], c'est-à-dire de villes périphériques qui s'organisent essentiellement autour de « bureaux », il convient de noter les écarts qui existent entre les quartiers périurbains « dortoirs » et ceux qui regroupent une population, des services urbains et des emplois, qui en font des quasi-villes autonomes.

La banlieue

La proche banlieue, notamment à l'est, est dévolue aux classes populaires et aux populations migrantes. Si ces catégories sociales sont les plus nombreuses, leur concentration dans les quartiers des cités HLM est souvent contrainte et subie. Pour l'essentiel, cette population est moins ouvrière que populaire, pauvre et précaire, elle se définit comme une « classe moyenne paupérisée » selon l'expression d'Agnès Villechaise [2000], c'est-à-dire comme un groupe social défini par sa privation, sa distance aux standards de vie des classes moyennes auxquels elle adhère sans parvenir à les réaliser. La faible tradition ouvrière bordelaise a laissé peu d'empreintes sur les modes de vie. De fait, les vieux quartiers ouvriers de la Bastide ont été détruits depuis longtemps et la ville de Bègles, longtemps « congelée » dans ses traditions par l'administration communiste, était plus une ville d'ouvriers et d'employés de l'État qu'une cité proprement ouvrière.

C'est parmi cette population que se concentre l'essentiel des minorités ou des migrants. La part des migrants dans l'agglomération est relativement faible : 6 %. Une grande partie vient du sud de l'Europe. Espagnols et Portugais représentent 36 % des migrants. Ils constituent une population âgée, plus de la moitié des Espagnols ont plus de 60 ans. Près de 60 % des étrangers viennent d'un pays hors Union européenne, essentiellement du Maghreb, de l'Algérie et du Maroc, et de Turquie (2 700 personnes). Les autres communautés ont des effectifs très faibles. Cette population, dont la moyenne d'âge est très jeune, réside dans quelques quartiers du centre de Bordeaux, le Grand Parc, Saint-Michel, mais surtout sur la rive droite dans les cités d'habitat social des Hauts de Garonne. Sa présence est quasi nulle dans les communes périurbaines, notamment dans l'ouest de l'agglomération. Cette concentration est d'autant plus nette que la population d'étrangers hors Union européenne ne représente que 2,66 % de la population totale contre 3,53 % en moyenne en France.

Lormont, Cenon et Floirac, communes de la rive droite, ont une très forte densité de logements HLM (60 % des habitations à Lormont) et regroupent à elles seules 20 % des HLM de l'agglomération. Dans les cités de Génicart, La Marègue ou Palmer, l'ensemble des logements appartient au parc locatif social. Par contraste, la part de logements HLM des communes périurbaines comme Cestas ou Saint-Médard-en-Jalles est très faible (moins de 5 %). La concentration des populations étrangères est aussi le produit d'une mise à l'écart. La logique du marché immobilier et les lieux d'implantation des logements HLM contribuent fortement à une ségrégation que les institutions viennent à la fois confirmer et renforcer. L'univers scolaire et le « marché scolaire » sont ainsi très marqués par la mise à l'écart des enfants issus de l'immigration et leur regroupement dans certains établissements. L'origine ethnique des élèves est un facteur plus lourd dans la situation des collèges que l'origine sociale ou le

Carte 5. **Une population concentrée dans quelques quartiers et sur la rive droite**

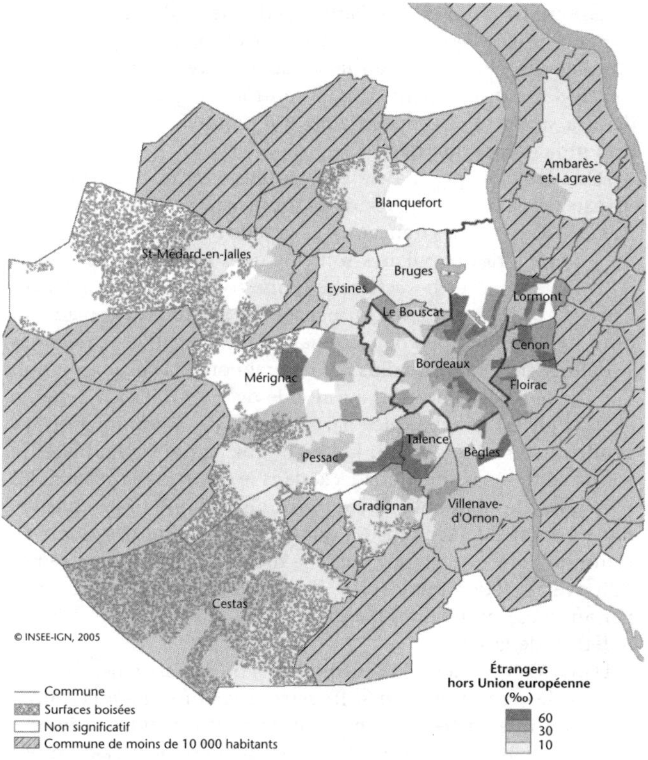

Source : Insee, *Recensement de la population 1999.*

retard scolaire. Sur 59 collèges, « 7 établissements de la communauté urbaine accueillent plus de trois fois plus d'élèves d'origine étrangère que la moyenne. Inversement, 8 établissements en scolarisent trois fois moins. Parmi ces derniers, 5 sont des établissements privés » [Felouzis, Liot et Perroton, 2005, p. 96]. Les familles des classes moyennes et supérieures recherchent un « entre-soi », notamment dans le contrôle des fréquentations et dans la scolarité de leurs enfants, qui renforce ainsi la ségrégation urbaine des quartiers.

Dans les cités populaires et immigrées de la rive droite, le niveau de vie et les modes de vie sont comparables à ceux de nombre de banlieues françaises. La grande majorité des membres de ces catégories populaires sont marqués par la centration sur le foyer familial et la recherche d'une sociabilité et d'activités « privées ». Ils viennent compenser un monde du travail qui offre souvent bien peu de reconnaissance. De fait, ces catégories se définissent beaucoup plus par leur rapport à la consommation que par leur identification au monde du travail. La vie urbaine et sociale y est très marquée par les rituels de consommation. Le vendredi soir et le samedi, la longue rue Sainte-Catherine et le centre commercial de Mériadeck, dans le centre de Bordeaux, les hypermarchés de banlieue sont envahis par une foule considérable venant directement des quartiers populaires des Hauts de Garonne pour une grande part. Le même phénomène se reproduit avec la fête foraine sur la place des Quinconces, deux fois par an, où le monde des banlieues vient profiter des plaisirs de la fête et de la ville.

Dans les quartiers eux-mêmes, si l'on observe des phénomènes de « ghettoïsation », ils restent circonscrits à certaines cités et à une partie de la population relativement peu importante. De fait, les émeutes de novembre-décembre 2005 n'ont pratiquement pas touché l'agglomération et le niveau de violence n'a jamais été très important. Il est probable que deux facteurs jouent un rôle essentiel : d'une part, la zone urbaine sensible constituée par les communes de la rive droite de la Garonne est une des plus « riches » ou des moins « pauvres » en termes de revenus par habitant sur toute la France ; d'autre part, malgré leur situation géographique, les habitants n'éprouvent pas le sentiment d'être coupés de la ville et d'être exilés de la vie

Carte 6. **Une offre limitée du secteur public dans plusieurs communes**

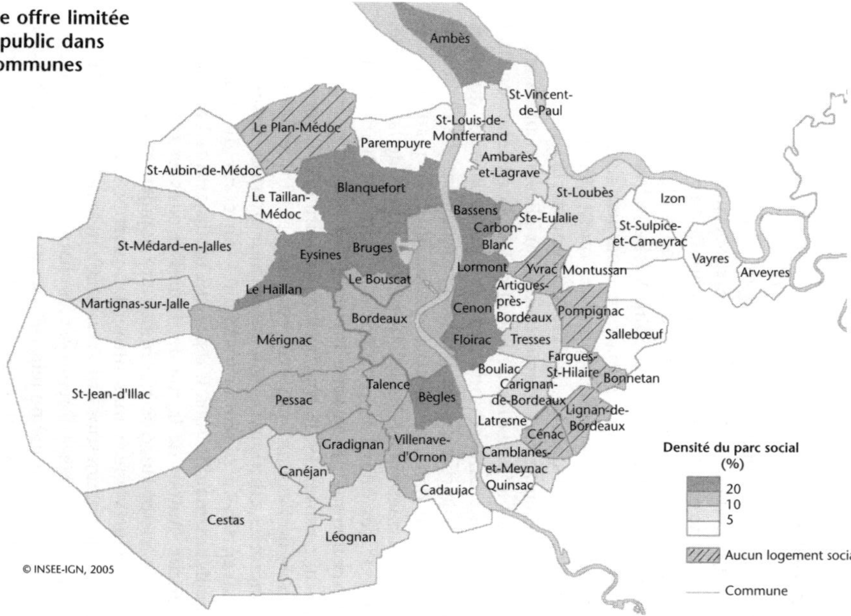

Source : Direction régionale de l'équipement, *Enquête parc locatif social au 1er janvier 2003*, Direction générale des impôts, taxe d'habitation 2002.

urbaine. La construction récente des lignes de tramway qui leur permettent de gagner directement le centre-ville, notamment la rue Sainte-Catherine et Mériadeck, est venue renforcer ce sentiment d'appartenance à l'agglomération.

La ville-centre

Plus on se rapproche du centre de l'agglomération bordelaise, plus les inégalités et les contrastes sociaux augmentent. La ville-centre se caractérise par une juxtaposition entre, d'une part, quartiers pauvres au sud (le quartier de la gare, Belcier, Nansouty, Capucins-Victoire, Saint-Michel) et au nord avec la cité des Aubiers et, d'autre part, les quartiers riches au centre (Hôtel de ville, Saint-Seurin) et à l'ouest (Caudéran, Parc bordelais, Saint-Augustin). Les uns concentrent la richesse et les diplômés, les autres, les immigrés, les travailleurs pauvres et les chômeurs. Les allocataires de la Caf et les bénéficiaires du RMI se concentrent dans ces quartiers pauvres et dans les quartiers populaires de la rive droite. Il n'y a pratiquement pas de bénéficiaire du RMI dans les quartiers périurbains. Le quartier Saint-Michel, quartier ancien dans le centre-ville, près de la Garonne, est un de ces quartiers populaires et pauvres. Il fut et il est toujours marqué par la forte présence des migrants, espagnols jusqu'aux années 1970, maghrébins aujourd'hui. La principale mosquée de l'agglomération y est située ainsi que nombre de commerces « ethniques » (meubles, alimentation, tissus, bars, restaurants). La place Saint-Michel, au cœur du quartier, accueille un marché tous les samedis matin et une brocante le dimanche. Autour de la rue des Faures et dans les cafés du bas du cours Victor-Hugo se rassemble une population maghrébine quasi exclusivement masculine. Le quartier est aussi le lieu d'accueil des clandestins qui se rassemblent le matin avant d'être « ramassés » pour être amenés sur les chantiers ou dans les entreprises viticoles. En même temps, le quartier est marqué par une forte sociabilité étudiante qui s'explique par le prix des logements, la proximité de certaines universités, la présence de bars et de restaurants bon marché, ainsi que des lieux de la vie étudiante. Les deux populations ne se mélangent guère et vivent plutôt dans une assez grande ignorance réciproque.

La population étudiante constitue une particularité de la vie sociale à Bordeaux. Si les étudiants ne forment pas une « classe sociale », leur présence en fait une véritable catégorie urbaine. Non seulement une grande partie de l'espace urbain est occupée par le campus, mais de nombreux espaces sont aussi définis par leur présence. La place de la Victoire, au bas de la rue Sainte-Catherine, au centre-ville, est un lieu particulier : tous les jeudis soir, elle est le théâtre d'une fête étudiante et populaire, fortement influencée par l'alcool, les traditions basques et de férias du Sud-Ouest, qui fait contraste avec le monde « bourgeois » des allées de Tourny et du Grand Théâtre à l'autre bout de la rue. Issue essentiellement des classes moyennes, cette population étudiante se diversifie fortement en fonction de son usage de l'espace urbain. Dans une étude sur les étudiants à Bordeaux, Maryline Félonneau [1997] a décrit les différentes modalités d'appropriation spatiale selon l'origine géographique des étudiants et leur position dans le cursus universitaire. Pour les étudiants d'origine bordelaise et ceux, bordelais ou non, qui sont présents dans la ville depuis plusieurs années, l'usage de la ville est assez complet : ils y inscrivent leur existence personnelle et fréquentent une grande partie des quartiers. À l'inverse, nombre d'étudiants, surtout les plus jeunes et ceux qui ne sont pas bordelais, n'investissent pas véritablement la ville et y restent très marginaux. Ils vont en cours, fréquentent parfois quelques lieux de convivialité étudiante, les rassemblements étudiants place de la Victoire, dans le centre-ville, mais ne s'identifient pas à une ville qu'ils quittent massivement le vendredi. De nombreux étudiants n'ont aucun investissement dans l'espace urbain et se définissent par des références et des appartenances totalement extérieures. Ils vivent entre les lieux de cours et la gare. Les étudiants dans ce cas, souvent issus de régions à forte identité culturelle comme le Pays basque, ont un territoire d'appartenance réinvesti pendant le week-end ou les vacances, extérieur à Bordeaux où ils se perçoivent comme des étrangers et vivent en quelque sorte dans un espace de transition.

Le quartier de Saint-Pierre et, dans une moindre mesure, celui des Chartrons, qui furent des quartiers populaires, sont aujourd'hui marqués par un processus de « gentrification » : des classes moyennes « intellectuelles » les ont fortement investis. Ils y développent un mode de vie très différent du mode de vie bourgeois traditionnel, plus familial. Ils occupent de façon très active l'espace urbain, à travers les commerces, les galeries, les lieux culturels et, surtout, les restaurants et les bars. Leur nombre s'est multiplié au point que certaines rues leurs sont entièrement dévolues. Le quartier Saint-Pierre, quartier historique, devenu exclusivement piéton, est ainsi envahi tous les soirs par toute une population en partie étudiante, en partie de classes moyennes supérieures, et l'été par nombre de touristes. Les quais, après leur rénovation, prennent la même orientation. Ils sont de plus en plus un lieu de promenade pour les classes moyennes supérieures qui y imposent leurs modes de vie et leur mode d'organisation de l'espace urbain. Le dimanche matin, le marché Colbert est un lieu de rassemblement où les familles viennent acheter des produits « chers et de qualité », à pied, à bicyclette ou en rollers, avant d'investir les restaurants et les bars à huîtres qui se sont installés le long des nouvelles promenades. Il reste néanmoins que ces quartiers continuent d'être habités partiellement par des catégories populaires que la rénovation urbaine n'a pas complètement chassées. Le processus de gentrification n'est certainement pas encore achevé.

Les quartiers « riches » de l'hypercentre ou de l'ouest de la ville, Caudéran, autour du Parc bordelais, présentent une vie sociale plus « discrète » et plus « familiale ». Dans ces quartiers vit une bourgeoisie plus traditionnelle qui s'approprie de manière plus marquée une identité « bordelaise ». Entre ces familles règne un jeu social assez intense qui permet de repérer immédiatement ceux qui font partie de la bonne société et ceux qui y sont étrangers. Le cercle qu'elles constituent est relativement fermé et la richesse seule ne suffit certainement pas à l'ouvrir. Les habitants y possèdent une « conscience de classe » assez forte : ils ont été dans les mêmes écoles et les mêmes lycées et partagent le même effort pour ne pas avoir d'accent méridional... Ils vivent dans des quartiers particuliers, fréquentent les mêmes lieux, partagent les mêmes loges au club des Girondins, le même club de tennis Primrose, occupent les mêmes terrains de golf, assistent aux spectacles du Grand Théâtre, passent leurs vacances dans les mêmes endroits sur le littoral, au Cap-Ferret, ou à la montagne, à Barèges, où ils possèdent souvent des résidences secondaires. Ils participent aussi, pour certains d'entre eux, à la vie d'un « Tout-Bordeaux » ou d'un « Tout-Bassin (d'Arcachon) » où se croisent dans les cocktails ou les inaugurations, parfois dans quelques boîtes de nuit, anciens sportifs, agents immobiliers, chargées de communication, commerçants, dirigeants, vagues célébrités parisiennes, le plus souvent photographiés un verre à la main dans le journal *Bordeaux Madame* qui rend régulièrement compte des « soirées » de la ville et du « Bassin ».

Cette conscience de classe et cette affirmation distinctive de la qualité de « Bordelais » n'engendrent pas la formation d'une vie de quartier intense : le jeu social produit une forme d'auto-ségrégation. À Caudéran, comme dans le « triangle d'or » du centre historique (délimité par le cours de l'Intendance, le cours Georges-Clemenceau et les allées de Tourny), on fréquente peu les voisins et la vie sociale se déroule ailleurs. Le quartier est en quelque sorte l'expression de leurs intérêts de classe ou de leur identité de classe et non le lieu d'une sociabilité de voisinage. Beaucoup n'y ont que des attaches restreintes : ils voyagent ou passent une grande partie de l'année dans leurs résidences secondaires. En d'autres termes, le quartier a pour eux une valeur symbolique, il est un marqueur de l'identité de classe et du niveau social, ainsi que de la qualité de Bordelais, mais il n'est pas une communauté. De fait, c'est dans cette population et dans ces quartiers que l'identité « bordelaise » est probablement la plus affirmée. Elle associe une double distinction de « classe » et « locale », provinciale, sur une base familiale. Le nom de famille est notamment un indicateur puissant de l'appartenance à cette sorte de « club » dont la force tient aussi probablement au mythe qui l'accompagne : celui d'un monde froid et méprisant, parfois snob, d'un monde qui serait très fermé et qu'il est vain d'essayer de pénétrer. Quoi qu'il en soit, cette réputation le protège des tentatives d'intrusion trop hardies.

Bien sûr, comme toutes les villes, Bordeaux possède un visage moins présentable et moins visible. Moins présentable, c'est celui des quelques quartiers où se concentrent les squats et la prostitution. Le quartier de la gare et surtout le quartier « derrière la gare », Belcier, coincé entre les quais, la rocade et les voies ferrées, fortement marqué par les friches industrielles et urbaines, regroupent un grand nombre de discothèques et de bars de nuit. Ils accueillent aussi une prostitution importante. Leurs habitants se sentent mis à l'écart et abandonnés par le reste de la ville et les autorités. Ils y subissent aussi une assez forte insécurité. Longtemps concentrée dans quelques lieux très identifiés, la prostitution a été plus ou moins chassée de la voie publique et tend aujourd'hui à s'installer de manière moins visible, moins explicite et surtout moins concentrée, dans des bars de la ville-centre où parfois se rencontre une « prostitution occasionnelle ». Il existe aussi de nombreux lieux d'échangisme se livrant une véritable concurrence pour un marché qui semble s'être étendu récemment. Enfin, dans le centre historique, existent aussi des lieux de rendez-vous et de rencontre des homosexuels, places, mais surtout bars.

Moins visible, c'est celui de la vie « underground », de la scène rock et rap. La ville-centre accueille une activité musicale assez intense mais qui n'entre guère dans les orientations culturelles de la municipalité de Bordeaux ni dans celles des autres villes de la Communauté urbaine, largement indifférentes et parfois hostiles. Elle reste finalement peu visible. Pourtant, de nombreux bars programment des groupes de rock (leur nombre est évalué à 800 sur l'agglomération) qui occupent depuis maintenant une trentaine d'années les « caves » et constituent une « scène alternative » assez active tant sur le plan artistique que sur le plan politique. Le succès de quelques groupes, Strychnine dans les années 1970 et surtout Noir Désir depuis les années 1990, groupes fortement identifiés à la ville, témoignent de cette vitalité et contribuent aussi à son développement. L'organisation de concerts et de festivals alliant mobilisation politique alternative et expression artistique en est aussi un autre témoignage. La « Rock School Barbey », située près de la gare, qui offre formation musicale, lieux de répétition et d'enregistrement, et organise des concerts et des festivals rock, est devenue une véritable institution de la ville [Fouquet, 2006].

Il est aujourd'hui de plus en plus difficile de décrire Bordeaux comme une ville. L'agglomération juxtapose des zones urbaines habitées par des catégories sociales différentes dont les modes de vie sont aussi très différents. Mais, surtout, ces zones urbaines ont finalement peu de rapports entre elles. Le monde périurbain s'est autonomisé et n'est certainement plus tourné vers un centre dont il est de moins en moins dépendant. La ville-centre tend à se « muséifier » et les travaux récents risquent d'accentuer cette logique. Elle n'a plus autant de poids sur l'ensemble de la vie sociale de l'agglomération. En 2007, il est impossible de comprendre la vie urbaine dans un rapport centre/périphérie, tant cette vie urbaine se « desserre » et se déconcentre, tant la particularité des quartiers, voire leur identité, tend à s'estomper. De fait, l'identité des habitants de Bordeaux ne se définit plus par rapport aux stratégies de distinction et d'affirmation des familles bourgeoises, qui vivent dans une ville qui n'est plus la leur et sur laquelle ils n'ont plus autant d'emprise eux non plus. L'identité bordelaise n'est même plus un « mythe » partagé ou un semi-mensonge auquel les habitants pourraient adhérer. Les logiques de mise à distance, la juxtaposition des groupes sociaux et l'orientation vers le périurbain l'ont dissoute.

IV / Qui gouverne ?

Lorsqu'il eut à se prononcer sur les qualités attendues de son successeur, à quelques mois des municipales de 1995, Jacques Chaban-Delmas, maire de Bordeaux depuis 1947, rappela l'attachement des Bordelais aux hommes « de grande dimension ». « En fait, pour être maire de Bordeaux, il faut être un homme de bon aloi et de grande dimension » [*Sud Ouest*, 1993] [1]. Ce faisant, il adoubait un héritier, en voie d'être « parachuté », Alain Juppé, alors ministre des Affaires étrangères, adjoint à la mairie de Paris et secrétaire général du RPR : une fois élu maire de la ville, ce dernier exerça pendant deux ans les fonctions de Premier ministre. Une telle « dimension » était supposée faire honneur à l'historiographie politique locale qui, si elle gomme souvent Adrien Marquet, leader de la SFIO dans l'entre-deux-guerres, député-maire et plusieurs fois ministre, passé à l'extrême droite et à la collaboration, n'oublie jamais Montaigne, ancien maire, et Montesquieu qui siégea au parlement de Bordeaux. Mais c'est sans conteste à sa propre envergure que Chaban pensait : figure de la Résistance, député-maire, ministre sous la IVe République, Premier ministre et président de l'Assemblée nationale sous la Ve République, président de la région

1. Montaigne semblait avoir une autre conception de la fonction : « Il faut jouer dûment notre rôle, mais comme rôle d'un personnage emprunté. Le maire et Montaigne ont toujours été deux, d'une séparation bien claire. Pour être avocat ou financier, il n'en faut pas méconnaître la fourbe qu'il y a en telles vacations » [Montaigne, 1967, p. 407].

Aquitaine... il avait endossé quasiment toutes les charges, à l'exception de la plus prestigieuse, qu'il avait toutefois briguée en 1974.

Face à de telles statures, difficile de résister à une analyse du pouvoir local faisant la part belle aux grands hommes. D'ailleurs, tous sont la « matière » de livres, nombreux et souvent savoureux. Biographies [2], autobiographies et mises en scène de soi plus innovantes forcent ainsi à constater que du « Moi » de Montaigne au blog d'Al1jup, le lieu du pouvoir, à Bordeaux, est loin d'être vide. La personnalisation du pouvoir municipal n'est certes pas un particularisme bordelais. Mais la longévité politique de Jacques Chaban-Delmas et surtout son identification à la ville expliquent qu'il y reste étroitement associé ; la carrière et le destin politique promis à Alain Juppé pourraient prolonger cette règle.

Si les attributs personnels ne pèsent pas pour rien, le pouvoir des notables tient toutefois davantage aux systèmes d'action qu'ils constituent. Jamais circonscrits aux seules institutions politiques, ces systèmes résultent des relations entre pouvoir local et appareil étatique. Ils procèdent également d'une intégration plus ou moins maîtrisée des individus et des groupes réputés compter, des élites dirigeantes comme des contre-mouvements. Enfin, ils tiennent aussi à leur capacité à susciter, accompagner ou combattre les dynamiques institutionnelles qui traversent les territoires. Le « système Chaban » [Médard, 1971 ; Lagroye, 1973] est de ce point de vue un véritable cas d'école. Les conditions fonctionnelles d'un tel système doivent donc être exposées, tant son emprise, tenace, détermine pour une part la matrice sur laquelle se fonde le mode de gouvernement des successeurs. Pour une part seulement. Car, au milieu des années 1990, les mutations plus globales de l'action publique sous les effets conjugués de la décentralisation, de l'européanisation et de la globalisation économique ont configuré un régime politique urbain qui affronte de façon renouvelée les enjeux locaux de légitimité et d'autorité politique. Alors, après un demi-siècle d'un système d'intégration notabiliaire, doublé

2. Les maires contemporains ont d'ailleurs écrit sur les anciens : Chaban en 1993 sur Montaigne, Juppé en 1999 sur Montesquieu.

d'une atrophie de la sphère publique locale, qui a le pouvoir de penser et d'agir sur la ville ?

Fondements et dynamiques du « chabanisme »

La métaphore féodale, parfois couplée à celle du césarisme [Savary, 1995], est généralement filée par les analystes pour dépeindre le « système Chaban ». Le maire de Bordeaux est ainsi portraituré en *suzerain* qui, servi par un charisme incontesté, règne de façon absolue, transformant collaborateurs et techniciens, partenaires et adversaires politiques, forces vives et corps intermédiaires... en *vassaux*, et ce bien au-delà de son *fief* municipal. Une telle analogie indique que si le pouvoir local s'appuie généralement sur des réseaux clientélistes mêlant échanges de services, compromis et loyautés transcendant les appartenances partisanes, l'étendue et le degré d'intériorisation de la domination de Jacques Chaban-Delmas sur la configuration politique locale sont à cet égard incommensurables.

Le « prototype du grand notable »

Son parcours lié à la Résistance, au gaullisme historique et au radical-socialisme a doté Jacques Chaban-Delmas d'un capital politique qu'une imbrication bien comprise et persistante de mandats locaux et nationaux a contribué à faire fructifier. Devenu un « baron du régime » de la Ve République, il incarne le « prototype du grand notable » [Mabileau, 1991]. Le *leadership* de Jacques Chaban-Delmas s'illustre tout particulièrement dans la phase de volontarisme économique des années 1950-1960. Il s'appuie notamment sur un réseau étroit mais efficace : Gabriel Delaunay, le préfet de la Gironde, et Yves Glotin, P-DG de Marie-Brizard et président de la Chambre de commerce et d'industrie, forment avec le député-maire une « équipe » qui travaille en concertation étroite à l'activation de leurs leviers d'action respectifs pour pourvoir la ville et sa périphérie en projets d'équipement (la rocade, le pont d'Aquitaine, le campus...) et en entreprises (Dassault, Elf, IBM, Ford notamment). Caractéristiques du « jacobinisme apprivoisé » analysé par Grémion [1976], les relations entre le notable et le préfet s'emboîtent au centralisme formel et administratif, selon les règles de la régulation croisée, d'autant plus opérantes dans ce cas que Chaban, en particulier lorsqu'il sera président de l'Assemblée nationale (1958-1969) puis Premier ministre du gouvernement Pompidou (1969-1972), dispose en propre de canaux d'influence au sein des sphères politiques et administratives centrales. Servie par ses cabinets parisiens, cette capacité à « travailler à Paris pour Bordeaux » constitue l'un des ressorts de son autorité sur le système d'action local.

Un second ressort tient au travail de mobilisation engagé auprès des « forces vives » de l'agglomération. Misant sur la concertation des acteurs du développement régional, de multiples structures, commissions et sociétés d'économie mixte, sont ainsi instituées afin de coordonner les actions dans le champ de l'urbanisme, des infrastructures de transport ou encore de la promotion de l'économie [Benz et Frenzel, 1999]. De ce point de vue, le « chabanisme » a su articuler les logiques du « jacobinisme apprivoisé » au référentiel de l'action publique territoriale porté par une administration centrale modernisatrice qui, dans la première décennie de la Ve République, entend « programmer la société » : là où, ailleurs, ce référentiel s'est caractérisé par une relégation des notables et une défiance à l'égard des préfets, au profit des « forces vives » [Béhar et Estèbe, 1999], à Bordeaux, il a été approprié par le triptyque maire-préfet-président consulaire. Pour le grand notable, une telle mobilisation des acteurs de la société civile participait surtout de l'architecture du système d'intégration des élites locales et des corps intermédiaires.

Intégration des élites et des corps intermédiaires

Bordeaux est une ville polyarchique composée de groupes dirigeants constitués historiquement au fil des mutations économiques et socioculturelles. Caractérisées par une fluidité sociale plus ou moins affirmée selon les époques [Figeac, 2002 ; Butel, 1991], les élites bordelaises proviennent de dynasties plurielles fondées sur le négoce et le vin, mais aussi sur les sociétés ultramarines, auxquelles se sont ajoutés les cercles liés à la médecine, l'université et la magistrature. Au XVIIe siècle, les charges publiques ont pu servir à certains négociants, souvent étrangers, de mode d'intégration, voire constituer l'équivalent fonctionnel des « savonnettes à vilain [3] » dans une société où la noblesse de parlement préservait jalousement son pouvoir. Mais, si certains ont fait de la politique, le plus souvent dans la perspective d'une défense des intérêts du négoce, les membres de l'élite locale ont contribué surtout à faire les hommes politiques.

En 1947, Jacques Chaban-Delmas est porté par une partie de cette élite locale, en particulier les milieux d'affaires qui aspirent à se « refaire » une vertu après les compromissions de l'Occupation. La représentation patronale mais aussi plusieurs figures dynastiques — c'est tout particulièrement le cas du courtier Daniel Lawton — ont assuré au maire de Bordeaux et ses victoires et son maintien. Son talent politique s'est illustré alors dans sa capacité à intégrer largement des forces sociales différenciées. Ainsi, Chaban a bénéficié des « régulations furtives » de réseaux, formels ou informels, aussi bien catholiques, protestants que francs-maçons, aussi bien sociaux et économiques qu'universitaires et sportifs... Tous le tiennent pour l'un des leurs.

Tout corps intermédiaire trouve par ailleurs une place dans la mécanique « chabaniste ». La mobilisation de la société civile repose ainsi sur une concertation tantôt informelle tantôt institutionnalisée dans des structures de coopération, comme le Centre d'expansion Bordeaux Sud-Ouest (CEBSO), devenu en 1964 le Comité d'expansion économique d'Aquitaine, qui regroupe universitaires, entrepreneurs, représentants consulaires et syndicaux [Lajugie, 1972]. Pensé comme un outil de contournement du patronat consulaire, le comité n'eut toutefois qu'une fonction d'études et de concertation. Mais l'essentiel tenait au contrôle social et politique qu'il conférait à Chaban sur le milieu économique local. Son obsession du consensus et sa volonté de neutraliser des dissidences s'illustrent par ailleurs dans sa capacité à transformer tout leader d'opinion émergent en « partenaire ». Sensible aux évolutions de la sociologie de sa ville, le maire a ainsi su offrir une reconnaissance et une représentation

3. Manière d'effacer les traces d'origines roturières.

aux communautés et aux corporatismes, par le jeu de la composition des listes électorales — en 1989, un militant beur de France Plus est intégré à son équipe — ou encore par l'attribution des postes d'adjoint au maire — l'écologiste Michel Duchêne fut de cette façon intégré à la majorité municipale. Les subventions aux associations amies — l'Association des amis d'André Abadie constituant un soutien déterminant —, l'institution d'un Grand Conseil de Bordeaux, instance consultative réunissant plus d'une centaine de « personnalités qualifiées » de tous horizons, ou encore celle des « comités cantonaux » ont constitué les relais de l'intégration notabiliaire.

Le « pacte de Bordeaux »

La neutralisation du corps social n'a eu d'égal que la neutralisation du fait politique. La condition fonctionnelle particulièrement déterminante du « système Chaban » tient en effet à un arrangement, tacite, conclu dans les années 1950 entre le maire de Bordeaux et ses adversaires socialistes. Les termes de ce « pacte de Bordeaux » peuvent être énoncés simplement : à Chaban la ville-centre, aux notables socialistes les mairies de la périphérie. À l'époque, Jean-Raymond Guyon, ancien ministre socialiste et principal opposant bordelais, Robert Brettes, sénateur-maire de Mérignac, et René Cassagne, député-maire de Cenon, comptent parmi les « associés-rivaux » de ce « Yalta » bordelais. Leitmotiv du « chabanisme », la nécessité d'une dépolitisation de l'intérêt général et d'une gestion pragmatique et consensuelle des enjeux locaux constituait l'argument ultime pour légitimer ce régime de non-agression [4].

Nourri au bon sens gestionnaire, un tel pacte entérinait, pour plusieurs décennies, un partage du territoire politique entre la gauche et la droite. D'abord interpersonnel, ce compromis s'est en effet progressivement institutionnalisé. D'une part, le découpage des circonscriptions a dessiné les zones de non-agression et

4. Il y aurait là un trait du tempérament politique aquitain caractérisé par une inclination au centrisme et au pragmatisme. Déjà entre mai 1896 et octobre 1899 un « pacte de Bordeaux » avait scellé une alliance contre nature entre socialistes, radicaux et royalistes pour gouverner la ville [Guillaume, 1994].

les marges laissées au jeu politique : les compétitions électorales ont ainsi pu conserver une part de rudesse, sans menacer réellement les positions acquises. Les grands notables socialistes sont généralement élus avec des scores de maréchaux. D'autre part, et plus fondamentalement, dès 1968, la création de la Communauté urbaine de Bordeaux (Cub) a institutionnalisé le principe de la cogestion « chabano-socialiste » du territoire [Chastenet, 1991]. Déjouant les règles de proportionnalité, la répartition des postes et des sièges communautaires comme les modalités de redistribution des ressources portent la marque de cette entente. Ainsi, alors que Bordeaux représente 38 % de la population, la ville contribue à hauteur de 66 % au budget communautaire. En contrepartie de cette générosité, le sacre du pouvoir de la ville-centre est obtenu. L'objectif d'un équilibre des intérêts politiques est si prégnant que l'instance fonctionne au « troc communautaire » : le saupoudrage d'équipements dans les communes périphériques prend le pas sur un aménagement rationnel du territoire. Cette logique de compromis a de fait assuré une stabilité politique dans la région urbaine de Bordeaux que le renouvellement des acteurs n'a en rien entamée. C'est en cela que Jean Petaux [2001] parle de « Yalta dynamique » : en dépit des crises et des batailles internes, des effets politiques nationaux sur les bastions locaux, des jeux de succession, Michel Sainte-Marie à Mérignac, Henri Deschamp à Talence ou Philippe Madrelle pour la rive droite ont reconduit cette instrumentalisation de l'instance communautaire comme mode de régulation politique.

La décentralisation et l'épuisement du pouvoir

Si les conditions fonctionnelles du « système Chaban » ont commencé à s'affaiblir dès le milieu des années 1970, le modèle d'intégration du pouvoir local n'a pas résisté au processus de décentralisation, amorcé en 1982. Contrairement à d'autres communes devenues au gré des transferts de compétences de véritables « États en modèle réduit », la décentralisation a sapé l'autorité et la légitimité de Jacques Chaban-Delmas. D'abord, son administration municipale n'a pas connu la « révolution tranquille » analysée par Dominique Lorrain [1989], le taux d'encadrement des fonctionnaires est resté bas et leur sous-qualification remarquable, comme au temps où le travail technique était réalisé par les services préfectoraux. Les cadres municipaux, recrutés pour une bonne part par népotisme, se sont révélés faiblement armés pour faire face à la technicisation des dossiers municipaux. Dans l'espace municipal, le rôle directeur du maire de Bordeaux s'était par ailleurs appuyé sur un cercle resserré de fidèles collaborateurs. Comme l'indique G. Savary [1995, p. 39], « le maire, à Bordeaux, est au commencement et à la fin de tout. Il décide en amont, exécute en aval ». Cette concentration du pouvoir, qu'illustre aussi l'absence de commissions municipales, explique le délitement des capacités de gestion de l'administration municipale.

Ensuite, la reconfiguration des relations entre l'État et les collectivités territoriales a rendu obsolètes les canaux et les leviers d'action qui faisaient la force du « chabanisme », et ce au moment même où l'institutionnalisation de la région et la revalorisation des départements permettent une émancipation inédite des leaders politiques locaux. Surtout, l'institution des juridictions administratives de contrôle, comme la chambre régionale des comptes, a eu un rôle indéniable dans la mise au jour des « affaires » qui ont secoué le dernier mandat de Jacques Chaban-Delmas. Entre 1989 et 1995, le « trou » financier du club sportif des Girondins, les conditions d'attribution des chantiers de parkings souterrains, sa gestion arbitraire et dispendieuse en matière culturelle, ou encore le projet de Métroval comptent parmi les dossiers qui, au cœur de controverses rendues publiques, ont sapé le culte du consensus et effrité les fidélités et les allégeances.

Rationalisation administrative et concurrence politique

Quand le nom d'Alain Juppé a commencé à circuler dans le microcosme local, nombreux sont ceux qui ont vu dans ce « parachutage » une perspective d'alternance propre à « déverrouiller » le système politique local [Dolez et Hastings, 2003]. Pourtant, élu une première fois en 1995, réélu en 2001 [5], le

5. Alain Juppé a dû démissionner en 2004 de ses fonctions à la suite de sa condamnation dans l'affaire des emplois fictifs du RPR. Après un an d'enseignement au

nouveau maire, soucieux de son implantation locale, a surtout cherché à faire évoluer le « système Chaban » et à l'adapter aux nouveaux enjeux de gouvernabilité. Il faut dire que si le style de gouvernement « chabaniste » a été fragilisé par les mutations de l'action publique, la matrice institutionnelle qu'il a contribué à forger, en particulier à l'échelon communautaire, se révèle tout particulièrement pertinente à l'heure où contrat, partenariat et concertation s'imposent comme les normes de la gestion territoriale. Des permanences sont donc remarquables, même si, à l'échelle de la métropole, le *leadership* repose aussi sur une rupture de style afin de pallier la plus grande dépendance caractérisant désormais les grands maires urbains [Jouve et Levèfre, 1999]. La multiplication des niveaux de décision a entraîné une fragmentation du pouvoir. Surtout, l'assise d'un grand notable comme Chaban tenait à sa capacité de capter les ressources d'un centre régalien quand celui-ci n'en manquait pas ; elle tenait aussi à l'intégration des élites locales qui disposaient en propre d'une influence incontestable que le ralliement au leader local permettait de monnayer et donc de préserver. Mais, au moment où tant le pouvoir de l'État que celui des groupes locaux de dirigeants sont en bonne part « extérieurs », sur quoi asseoir le *leadership* ?

Technocratie éclairée et coalition de projets

Entre 1995 et 1997, le poids politique d'Alain Juppé, alors Premier ministre, s'est révélé tout aussi décisif pour la région urbaine que l'avait été celui de son prédécesseur pendant la phase d'expansion économique. Au cœur de la machine étatique et aux portes de l'Union européenne, le maire et président de la Cub dispose de leviers d'action importants. Non seulement il obtient des changements de direction dans les administrations déconcentrées, mais, depuis Matignon, une « cellule Aquitaine » active les dossiers, en particulier le classement rapide de certains quartiers en zone franche, le programme de réalisation du TGV

Canada, période au cours de laquelle son premier adjoint, Hugues Martin, a assuré le double mandat de député-maire, Juppé a retrouvé son siège à la mairie de Bordeaux lors de municipales anticipées en octobre 2006.

Bordeaux-Paris, l'installation d'un centre de recherche nucléaire, lancée sous le dernier mandat de Chaban-Delmas, et du service financier de La Poste.

Cette réactivation de l'axe Bordeaux-Paris repose toutefois sur une rupture de style de gouvernement. Les efforts de structuration des décisions et des négociations sont relayés localement par une « équipe » qui tient de la technocratie éclairée. Le maire s'est en effet doté d'un cabinet technico-politique imposant, constitué de trente-quatre personnes, quand celui de Chaban en comptait sept. Cette équipe mobile, moderne et diplômée, est pilotée jusqu'en 1998 par Philippe Pireyre, qui est aussi directeur de cabinet à la Cub et dont la carrière est étroitement liée à celle d'Alain Juppé. M.-C. Théra [1997] a analysé la « révolution » interne que ce cabinet va impulser tout en constituant un véritable « instrument de mise sous contrôle de l'environnement municipal ». Ainsi, au sein du cabinet, neuf chargés de mission disposent d'attributions qui recouvrent en partie les portefeuilles politiques, afin d'être en situation de « marquer » des élus. L'administration municipale, jugée déficiente, est quant à elle dépossédée du pouvoir technico-politique tout en faisant l'objet d'une réforme profonde afin d'améliorer le service aux usagers. Si, à l'interne, le cabinet gouverne, il devient également le passage obligé de tout échange avec l'extérieur, filtrant et contrôlant jusqu'aux relations avec la presse.

Cette concentration du pouvoir et l'absence du maire expliquent les mécontentements exprimés dans la société locale au cours de cette première phase. Ils s'ajoutent à la contestation dont fait l'objet le Premier ministre à l'échelle nationale : en 1995, son plan de sauvetage de la Sécurité sociale a jeté jusqu'à deux millions de Français dans les rues. Démis de sa fonction gouvernementale en 1997 après la victoire de la gauche aux législatives, le député-maire a davantage habité son rôle classiquement présidentialiste, tout en travaillant alors à son implantation locale. Comme ils l'avaient fait pour Chaban, les milieux d'affaires s'étaient mobilisés avec ardeur pour préparer l'accession d'Alain Juppé à la mairie de Bordeaux. Il ne s'agissait pas cette fois de laver la honte d'un milieu compromis mais de miser sur un homme de « changement » pour redynamiser une ville enkystée et essoufflée économiquement. La Chambre de commerce et d'industrie, présidée par Paul Glotin, a ainsi orchestré la mise en mouvement des cercles patronaux, tout en commanditant des sondages utiles à la mise en scène d'un « désir » des Bordelais pour Alain Juppé, de façon à délégitimer la candidature du dauphin malheureux de Chaban, Jacques Valade [Restier-Melleray, 2002].

Que ce soit à l'égard des représentants consulaires ou plus largement des élites locales, le maire paraît toutefois peu miser sur l'activation de réseaux anciens ou émergents. Certaines figures comptent certes parmi ses soutiens notoires — à l'instar de Denis Mollat, le libraire reconnu de la ville, ou encore du P-DG de l'usine Dassault. Il s'est aussi rapproché du monde aéronautique ou encore du milieu vinicole, quand son prédécesseur avait été tenu à distance par l'aristocratie du vin. Mais s'ils favorisent une implantation locale, ces rapprochements constituent d'autant moins des ressources d'autorité que désormais les groupes dirigeants locaux se trouvent eux-mêmes soumis à des contraintes, en bonne partie externes, qui rendent leur propre influence sur le tissu local moins assurée. Amorcée de longue date, la dépossession des élites aquitaines a atteint un niveau important au point que la composition des instances de représentation corporatiste s'éloigne toujours plus de la structuration réelle du pouvoir économique. Ainsi, Pierre Guillaume [1994, p. 101] peut pointer que « le Conseil interprofessionnel du vin de Bordeaux est aussi un étrange paradoxe : alors que vignoble et négoce échappent de plus en plus aux Girondins, il reste la façade respectée d'un pouvoir économique traditionnel, et un haut lieu de prestige social ».

Entre pouvoir politique et pouvoir socioéconomique, seules des coopérations provisoires peuvent être envisagées, construites autour d'un objectif partagé : rendre le territoire bordelais attractif pour les investisseurs. Les relations entre le leader municipal et les acteurs du développement prennent alors le plus souvent la forme de « coalitions de projet », c'est-à-dire des alliances temporaires et instrumentales entre acteurs publics et privés autour d'opérations spécifiques. Les opérations visant à réconcilier le vin et la ville, comme la manifestation « Bordeaux fête le vin » ou encore la création de l'Institut des sciences de la vigne et du vin soutenue par le président de la Région, Alain

Rousset, peuvent être interprétées sous cet angle. Cela a été le cas encore autour des différents chantiers urbains, où le rôle directeur d'un noyau d'élus et de collaborateurs s'est appuyé sur des groupes du BTP, certains comptant parmi les plus influents de l'ère chabaniste, d'autres plus inédits.

Continuité communautaire et concurrence politique retrouvée

De façon générale, le développement de l'intercommunalité a modifié les systèmes d'action publique locaux, en fragmentant le pouvoir politique entre des instances qui assurent des fonctions à la fois différenciées et interdépendantes. Il accroît la nécessité de la coopération entre des collectivités territoriales devenues les véritables coordinatrices de l'action publique autour de deux enjeux : la compétitivité et la solidarité. Le poids des administrations territoriales apparaît désormais prépondérant dans la gestion locale. L'ancienneté de la Cub a toutefois minimisé le caractère inédit d'un pouvoir local devenu pluriel et concurrentiel, et ce d'autant plus qu'une fois élu à la tête de l'instance communautaire, Alain Juppé s'est empressé de « récupérer pour mieux l'amplifier le fonctionnement chabaniste » [Pétaux, 2001]. En 1995, alors que la droite y dispose de la majorité absolue, le maire de Bordeaux obtient la présidence de l'instance communautaire avec 113 voix sur 120 inscrits (et 7 votes blancs). Pourtant, le principe d'une gestion pragmatique et consensuelle est maintenu. La répartition des vice-présidences en témoigne : 12 vice-présidences vont à la droite et 9 à la gauche plurielle (7 au PS, 1 au PCF et 1 aux Verts), la présence d'un élu communiste illustrant l'accentuation donnée par Alain Juppé au ressort consensuel. Plus encore : après les municipales de 2001, le « troisième tour » communautaire donne une majorité de sièges à la gauche plurielle, mais le président sortant, par 61 voix sur 120, conserve les rênes. Mais, si la « trahison » de deux représentants de la gauche plurielle rappelle les péripéties de l'ère chabaniste, la continuité n'est pas totale.

Le consensus reste de mise au sein de l'instance communautaire, mais il prend moins pour horizon l'équilibre des forces politiques que l'efficacité d'un outil devenu prépondérant dans la gestion de l'espace métropolitain. Les référentiels de rationalisation administrative et de modernisation politique comptent d'ailleurs parmi les ressources d'une nouvelle génération d'élus, en particulier à gauche, qui cherchent à asseoir leur légitimité contre les derniers représentants de l'entente « chabano-socialiste ». De fait, le socialiste Alain Rousset, ancien maire de Pessac et président de la région Aquitaine depuis 1998, s'impose aussi comme un concurrent politique. En 2004, ce dernier est élu à la tête de la Cub, suite au départ d'Alain Juppé, contraint de démissionner de ses mandats en raison de sa condamnation dans l'affaire des emplois fictifs du RPR. Désormais aux commandes de l'instance communautaire et de la Région, un tel leader pourrait bénéficier d'une dynamique institutionnelle qui, en France comme dans bon nombre d'États européens, mise davantage sur l'échelon régional que sur les grandes villes. Les compétences de la Région en matière de développement économique et industriel, les leviers pour favoriser la recherche et l'innovation, mais aussi le rôle directeur en matière d'aménagement du territoire constituent autant de ressources d'influence pour le président de l'exécutif aquitain. Œuvrant à moderniser et technocratiser le système politique local, il s'efforce de le soustraire à l'influence des notables les mieux installés, aidé en cela par des élus — à l'instar de Gilles Savary, PS, conseiller général et député européen — soucieux de trouver une place dans un jeu politique longtemps verrouillé.

Le pouvoir à l'épreuve d'une sphère publique locale émergente

Dès le milieu des années 1990, la reconfiguration politique bordelaise coïncide avec un contexte général de mutation de la démocratie locale. Dans la capitale girondine comme ailleurs, la gouvernabilité est envisagée comme un enjeu local et les questions d'autorité et de légitimité se transforment. Le « système Chaban » avait pu compter sur une féodalisation de la sphère publique locale. L'espace public était davantage envisagé comme un lieu de représentation, souvent cérémonielle, des puissances politiques et sociales ; le monopole mayoral d'interprétation et d'énonciation de l'intérêt général n'était dès lors nullement concurrencé. Mais que dire du pouvoir quand émerge une sphère publique locale qui tend à s'autonomiser ?

Professionnalisation et démultiplication de l'espace médiatique

Parmi les soutiens tacites du « système Chaban », le quotidien régional *Sud Ouest* a longtemps tenu une bonne place. Et c'est tout l'intérêt de la subtile analyse de Cyril Lemieux [2000] que d'avoir montré, au plus loin d'une dénonciation réductrice de la connivence politico-médiatique, l'évolution des relations entre le maire et la rédaction locale. Jusqu'au milieu des années 1970, Chaban a ainsi bénéficié d'un « style » journalistique ayant « l'intelligence de ne pas agresser ». Fonctionnant à l'« autocontrainte », ce style est celui d'une génération de journalistes dont les souvenirs de la Résistance, les inclinations politiques mais aussi le sentiment de compter parmi les acteurs de la modernisation expliquent pour une bonne part leur proximité, voire les amitiés avec le milieu politique local. À Bordeaux comme alentours, le travail journalistique n'est d'ailleurs pas orienté vers la transmission au public des informations recueillies sur la vie politique locale : ces dernières sont utilisées avant tout pour conseiller les acteurs politiques, conférant alors une part de pouvoir non négligeable au quotidien régional.

Une succession de responsables des pages consacrées à la vie locale, plus jeunes et étrangers au milieu bordelais, a contribué à professionnaliser le style journalistique. Dès la campagne municipale de 1977, l'évolution est perceptible : alors que Roland Dumas, PS, affronte Jacques Chaban-Delmas, un traitement « égalitaire » des concurrents amorce un processus d'émancipation du quotidien, qui ne se dément pas lors des élections de 1983 lui opposant la socialiste Catherine Lalumière. Au début des années 1990, la rupture paraît consommée : une nouvelle génération de journalistes, parmi lesquels les grands reporters Pierre Veilletet ou Jean-Claude Guillebaud qui garde une chronique dans *Sud Ouest Dimanche*, développe à l'occasion des « affaires » un style plus « libéré » et un ton plus « national ».

Cette autonomisation reste-t-elle de mise ? Durant les mois de la « précampagne » préparant la succession de Chaban, le quotidien régional a peu résisté au « facteur de vente » que constituait

Alain Juppé. Sans doute aussi, comme entreprise, le journal, à l'instar des milieux d'affaires, misait-il sur le changement annoncé. De fait, il a pu paraître faire le jeu de l'héritier, en particulier contre la candidature de Jacques Valade. Très vite, toutefois, les journalistes locaux de *Sud Ouest* comme des autres médias ont pris la mesure de la professionnalisation de la communication territoriale et de l'emprise du cabinet en la matière. La démultiplication de l'espace médiatique local a de surcroît changé la donne. L'agence locale de M6, la création d'une télévision locale, TV7, l'apparition des journaux gratuits, mais aussi les possibilités offertes par l'Internet sont venus s'ajouter aux différents médias implantés de longue date. Cet élargissement a ainsi introduit un principe de concurrence qui, s'il n'exclut pas les échanges de bons procédés entre pouvoirs territoriaux et organes de presse, favorise aussi un traitement plus pluraliste de la vie locale. Les formations partisanes émergentes comme les contre-pouvoirs savent désormais user de ces tribunes et sont moins dépendants de la ligne éditoriale et du style du quotidien régional. Dans le paysage médiatique bordelais, c'est sans doute France 3 qui reste le média le plus traditionnel, le plus proche et le plus attentif aux besoins des élites locales, le plus soucieux de ne fâcher personne.

Aux débats, les citoyens !

À l'élargissement de la sphère médiatique locale s'ajoute l'émergence d'une sphère publique institutionnalisée de débat. Un « nouvel esprit de la démocratie » plane sur les villes. Difficile pour les institutions territoriales d'échapper à l'injonction participative et à l'exigence d'une « proximité » renouvelée. Que ce soit dans des communes où la tradition participative est ancienne (Pessac) ou dans des communes où elle est plus inédite (Blanquefort), les citoyens sont désormais sollicités pour dire leur mot sur les affaires publiques. Amorcée avec prudence au milieu des années 1990, l'institutionnalisation d'arènes publiques de discussion s'est consolidée à partir de 2001. Conseils de quartier, conseils de jeunes et de sages, ateliers d'urbanisme, procédures de concertation autour de la mise en œuvre d'Agenda 21 (Conseil général) et du Plan local d'urbanisme (Cub), conseils consultatifs

— comme à Bordeaux, pour la jeunesse, la diversité, le handicap, etc. —, l'offre participative est diverse.

À l'échelon communal, elle participe pour une part de l'implantation locale du maire. Régulièrement organisé, le frottement à la communauté locale fait de lui un membre à part entière et assoit sa légitimité à représenter. Pour Juppé à Bordeaux, comme pour Mamère (Verts) à Bègles ou encore Feltesse (PS) à Blanquefort, de tels dispositifs ont constitué une ressource pour les élus « parachutés » leur permettant ainsi de s'affranchir des anciens cercles notabiliaires : l'adhésion à l'action municipale est recherchée dans la mobilisation d'une opinion publique locale et dans la publicité qui lui est faite davantage que dans l'activation de réseaux. Surtout, en raison des formidables bouleversements urbains, la participation s'est imposée sur l'ensemble de la Cub comme un instrument de gouvernement indispensable. Le tramway, le réaménagement des quais, les opérations de renouvellement et d'aménagement urbains : il paraissait impensable de se lancer dans ces grands travaux sans passer par la scène publique. On sait l'usage qui est fait des dispositifs participatifs pour prévenir, pallier — voire étouffer — conflits et tensions. Localement, les groupes contestataires, parfois porteurs de contre-projets, dénoncent à l'occasion la « farce » participative, relevant les contradictions entre des sollicitations nombreuses à la participation d'un côté et, de l'autre, une restriction de la liberté d'expression [6]. Justifiées ou ritualistes, les critiques rappellent la frustration vécue par certains groupes pris dans des dilemmes classiques entre boycott ou participation sans illusion [Rui et Villechaise-Dupont, 2005]. Le degré de prise en considération de la parole des habitants est toujours difficile à évaluer. L'espace urbain s'est toutefois transformé en partie sur la base d'expertises collectives, de mobilisations citoyennes, de productions artistiques, etc. suscitées par l'émergence d'un espace public institutionnalisé qui, tout en demeurant octroyé et maîtrisé par les pouvoirs municipaux, n'évacue jamais totalement le potentiel subversif et créatif.

6. Faisant référence à l'arrêté municipal bordelais du 5 avril 2000 interdisant la distribution de tracts sur voies et places sans autorisation préalable, ou encore à un décret municipal interdisant l'affichage libre.

Si le pouvoir local dispose de ses propres espaces de dialogue, desquels il tire légitimation et autorité, il est toutefois concurrencé de ce point de vue par d'autres instigateurs de débat institutionnel. Dans le cadre de politiques d'aménagement devenues contractualistes et procédurales, les grands projets territoriaux — le grand contournement routier de Bordeaux notamment — font l'objet de débats publics au sein desquels les leaders territoriaux sont invités à s'exprimer aux côtés des « forces vives », de leurs concitoyens comme des groupes contestataires. Leur volonté de capture d'infrastructures se trouve alors sinon contrecarrée, du moins compliquée par ces exercices de mise en discussion publique dont ils ne maîtrisent pas, cette fois, les modalités. Ces espaces publics concurrentiels constituent autant de ressources pour les individus et les groupes avides de s'émanciper du contrôle social qu'autorise la proximité municipale. De fait, instrument de légitimation et d'accompagnement du changement, l'institutionnalisation de la sphère publique locale n'empêche pas, voire favorise l'émergence de contre-pouvoirs.

Extension du domaine des luttes

Chaban « digérait » les leaders d'opinion à la moindre velléité de dissensus, et cela a perduré tant que ces derniers ne trouvaient nulle autre « issue symbolique » aux conflits politiques et urbains : dans une sphère publique locale féodalisée, les contre-mouvements n'ont pour alternative que l'intégration au système ou la marginalisation. Il a fallu le délitement du « système Chaban » pour que des opposants puissent gagner en autonomie et en visibilité, comme François-Xavier Bordeaux, membre du Parti socialiste avant d'en être un dissident, autour du « trou » des Girondins, ou Denis Teisseire, leader de l'association Trans'Cub, sur le dossier Métroval.

Si les tentatives de rapprochement restent de mise, le pouvoir local doit désormais compter avec une pluralité de contre-publics subalternes [Fraser, 2003]. Ces derniers désignent les arènes autonomes que constituent les membres des groupes sociaux subordonnés et au sein desquelles ils élaborent leur propre interprétation de leurs intérêts et de leurs identités. À Bordeaux, ces contre-publics sont de deux types. Le premier est lié aux transformations urbaines qui ont suscité (ou renforcé) des contre-pouvoirs enracinés localement, généralement à l'échelle du quartier, et dont les capacités d'action et de réflexion sont orientées vers les enjeux relevant de la protection du cadre de vie urbain. En toute part de la métropole, des habitants s'associent, s'organisent et développent leurs propres expertises sur les dossiers qui les concernent. Articulant échelle municipale et échelle communautaire, des associations, au premier rang desquelles Trans'Cub, suivent de près les dossiers « transport » ou encore celui, épineux, de la gestion de l'eau. La vigilance de ces groupes à l'égard des décisions municipales et communautaires s'affûte, pour une part relayée par une génération nouvelle d'élus, notamment écologistes.

Le second type de contre-publics renvoie à un mouvement plus général mais aussi plus hétéroclite. Pour une part, certains de ces groupes participent de la mosaïque d'une alternative antilibérale, généralement couplée à une critique du fonctionnement de la démocratie locale. Le Forum social local girondin constitue un réseau et un lieu ressource pour fédérer des groupements plus ou moins structurés et variablement actifs. Le cinéma Utopia, membre du réseau d'art et d'essai du même nom, fait fonction de carrefour d'expression, de débat et d'action pour ces contre-publics. Le passé négrier de la ville constitue un second facteur de mobilisation autour de la défense des identités culturelles et des mémoires, à l'instar de l'association pionnière DiversCités ou encore de l'association pour la Maison Afrique Karaïbe.

L'écho de ces contre-mouvements ne porte pas au-delà de l'espace local, à la différence par exemple des Motivé-e-s de Toulouse. Ces contre-publics peinent ou rechignent à donner une traduction politique à leurs actions. Hormis les candidatures de Denis Tesseire ou de la liste « Couleurs bordelaises », ces groupes optent pour un espace subpolitique où les répertoires d'action font appel aux ressources traditionnelles de la manifestation et de l'action de rue, ou aux possibilités plus innovantes de l'Internet. Reste que ces contre-mouvements ont déjà fait la preuve de leur capacité d'action collective, obtenant par exemple le retrait d'un arrêté municipal « anti-bivouac » visant à chasser les SDF et les mendiants de certaines rues.

Vote local, vote national

Les impacts de l'émergence d'une sphère publique locale sur la structure des attitudes, des comportements et des préférences politiques de l'électorat restent délicats à envisager. Dans une région historiquement caractérisée par le centrisme, l'aire urbaine bordelaise connaît une stabilité politique dont on vient de voir les fondements. Localement, le poids des héritages, l'implantation durable d'équipes municipales, mais aussi les dissensions partisanes expliquent d'ailleurs quelques « incohérences » électorales. Les électeurs de Talence, Gradignan et Villenave d'Ornon votent à gauche aux scrutins nationaux, tout en se donnant des maires de droite. Moins ambivalent — à l'exception de la présidentielle de 1981, où Bordeaux vote à droite majoritairement —, l'électorat de la ville-centre est aussi devenu plus imprévisible [Hoffmann-Martinot, 2002]. Avec 50,1 % en 1995 et 51 % en 2001, les scores de la liste UMP aux municipales révèlent une différenciation politique nouvelle, tout comme la mise en ballottage d'Alain Juppé aux législatives de 2002 par la candidate PS Marion Paoletti (au second tour, Alain Juppé l'emporte avec 55,49 % des suffrages exprimés contre 44,51 %). Les efforts de l'opposition pour proposer des équipes plus jeunes, plus féminines, européennes et davantage ouvertes aux groupes discriminés pourraient se révéler payants : quand le pouvoir municipal est d'abord celui des médecins, entrepreneurs et magistrats, et en dépit de ses efforts pour conserver un profil sociologique à son avantage, les mutations urbaines introduisent davantage d'incertitude. Le goût pour la politique pourrait s'en trouver ravivé, alors qu'il est relativement estompé. Entre 1971 et 1995, face à une offre politique ne laissant pas de place à la surprise, l'électorat bordelais était moins inscrit et moins mobilisé que celui d'autres grandes villes. Hormis un intérêt retrouvé aux élections municipales de 1995, à l'échéance suivante, le taux d'abstention a atteint son niveau le plus haut en trente ans, à 45,2 %. Ce niveau de participation est bien sûr corrélé à la géographie sociale de la ville : quand les quartiers populaires (Claveau, les Aubiers, le Grand Parc, Saint-Michel...) restent à l'écart de la participation électorale, c'est à Caudéran que se situe le bureau de vote le « plus civique » [Girault et Bussi, 2001].

Surtout, la distance à la ville devient un facteur discriminant du comportement électoral. Si la structure sociale pèse sur le niveau de participation et les choix des individus, ses effets sont amplifiés par la structure spatiale. Le degré de proximité et d'intégration des communes à l'agglomération apparaît décisif dès lors que les restructurations économiques et sociales se conjuguent aux effets de l'étalement urbain. L'exemple du vote FN en est une bonne illustration. De façon générale, les analyses du scrutin présidentiel de 2002 révèlent que, faible au cœur de la ville, il augmente dès la banlieue, atteignant son maximum entre vingt et cinquante kilomètres du centre, avant de décliner progressivement une fois dépassées les zones du grand périurbain. Loin d'atteindre les taux les plus inquiétants, comme dans l'agglomération bordelaise en 1997 quand le FN fait en moyenne 11 %, il connaît ses meilleurs scores à Blanquefort (12 %) et Parempuyre (14 %) au nord-ouest, et à Saint-Vincent-de-Paul (17 %) et Lormont (18 %) au nord-est ; les électorats de Pessac et Mérignac, à l'ouest, se montrent les plus réticents. Aux « confins froids » de l'agglomération, les taux sont là encore importants comme dans le canton de Castelnau-de-Médoc, au nord, où le parti de J.-M. Le Pen atteint 15,7 % [Grésillon, 1998]. Indicateur des structures sociales mais aussi des interactions entre elles, la répartition des votes révèle les effets d'entraînement sociologique liés à la ségrégation urbaine : le sentiment de relégation des classes sociales les plus modestes contraintes de s'excentrer explique le rejet du « système ». L'éloignement par rapport à la ville-centre devient donc une clé de compréhension du vote, constituant un enjeu supplémentaire pour les politiques urbaines.

Les transformations du régime politique urbain font désormais de Bordeaux une grande ville française « comme les autres ». Si le « chabanisme » a laissé quelques traces, le *leadership* local doit s'apprécier à la lueur d'une reconfiguration des relations entre le centre et la périphérie. Il apparaît aussi plus dépendant de dynamiques en bonne partie externes, et plus ouvert à une concurrence politique davantage assumée. Sur l'ensemble de la métropole, la recomposition des rapports de force urbains contribue également à faire de la gouvernabilité un enjeu local.

Ainsi, les fondements de l'autorité politique, comme ses capacités d'action, traversent, en permanence, des épreuves inédites, parmi lesquelles l'émergence d'une opinion publique locale n'est pas la moindre à l'heure d'une mutation du profil sociologique de la population urbaine.

V / Politiques urbaines

En dix ans, les transformations de l'agglomération bordelaise démentent sa réputation de léthargie. Parmi les plus notables de ces transformations, notons la rénovation du centre historique, le Grand projet de ville des Hauts de Garonne, la reconquête urbaine des trois B (Bacalan, la Bastide, Belcier), l'aménagement de Bordeaux Nord, la densification des centres-villes des communes de la première couronne, la réorganisation du campus universitaire, la construction annoncée d'un pont levant. Le 24 octobre 1996, au Grand Théâtre et devant un parterre de professionnels du BTP, le maire présente un Projet urbain dont le but est d'éviter la dilatation de l'agglomération dans une vaste conurbation qui irait de Libourne à Arcachon. L'aménagement des quais et le réinvestissement de quartiers paupérisés gagnés par les friches urbaines symbolisent cette ambition de souder la ville autour de son fleuve. Le tramway s'apparente à un « cordon ombilical » dont les effets structurants doivent assurer une plus grande cohérence dans la programmation des opérations d'urbanisme et œuvrer à l'unification de l'agglomération. La mise en valeur du patrimoine bâti du centre historique de la ville vise enfin à restaurer le prestige et l'attrait du cœur de la cité.

Loin de constituer une rupture absolue, le projet de recomposer la ville autour de la Garonne actualise un imaginaire urbain construit au fur et à mesure des études engagées durant les dernières mandatures de Jacques Chaban-Delmas et dont la mémoire imprègne les professionnels du secteur [Godier et

Tapie, 2004]. Dès la fin des années 1970, la réappropriation du fleuve par la ville était au centre des réflexions. En 1981, le Plan de référence de la ville de Bordeaux réalisé par l'Agence d'urbanisme consacrait l'impératif d'un rapprochement des deux rives. Du Cercle de la rivière au Centre d'architecture Arc-en-Rêve, du projet de reconquête de la Bastide de l'architecte Ricardo Bofill (1987) à celui des Deux rives de l'architecte Dominique Perrault (1994), toutes ces démarches distinctes et parfois opposées ont imposé le projet de rendre la Garonne aux Bordelais et de réunifier la ville autour de son fleuve. Toutefois, ces grands desseins restèrent pour l'essentiel lettre morte et participèrent d'une inertie mal dissimulée par les rêves les plus grandioses.

La planification urbaine

Ses grands travaux, Jacques Chaban-Delmas les a principalement impulsés dans les années 1955-1960. Ils façonnent le visage de Bordeaux pour la période des Trente Glorieuses pendant laquelle, comme toutes les grandes villes, Bordeaux doit d'abord faire face à la crise du logement. Outre la réalisation de cités d'urgence constituées de maisons individuelles (Carreire, Claveau), la municipalité, par l'intermédiaire de l'office HLM et la création de sociétés d'économie mixte, s'engage dans la construction de grands ensembles *intra muros*. Expériences pilotes, la Benauge (1955) et la Cité lumineuse (1960), barre curviligne longeant le fleuve, incarnent sur les quartiers de la Bastide et de Bacalan cette nouvelle orientation. Toutefois, c'est à moins de 800 mètres du prestigieux centre-ville, sur plus d'une cinquantaine d'hectares de marais autrefois laissés aux bidonvilles, que s'ouvre de 1955 à 1975 le plus grand chantier du genre : le Grand Parc. Davantage qu'un grand ensemble, le Grand Parc se présente aujourd'hui comme un quartier à part entière, bien équipé et autonome. Sa forme urbaine paraît le scinder du tissu qui l'environne, mais ses habitants se vivent pleinement bordelais [Coustet et Saboya, 2005]. Cette réalisation réussie devait servir de point de départ à l'une des deux opérations phares de l'urbanisme pendant l'ère Chaban : la création du quartier du Lac au nord de Bordeaux.

Autorisée par un discret et efficace travail de la municipalité dès 1959 pour constituer une réserve foncière, cette opération, engagée en 1966, porte sur l'aménagement de près de 2 000 hectares de marécages drainés, assainis et stabilisés au début des années 1960. Pour permettre à Bordeaux d'honorer son accession au rang de « métropole d'équilibre » dans la politique nationale d'aménagement du territoire, il s'agit de promouvoir le développement industriel et commercial, mais également de créer un secteur d'habitation susceptible d'affermir le poids démographique de la ville-centre. Sur le premier aspect, l'opération passe aujourd'hui pour une réussite. Beaucoup d'entreprises mais aussi des sièges d'administrations, de banques et d'assurances se sont installés dans ce quartier, attirés par la qualité de la desserte routière et l'accès à l'aéroport. La construction d'un parc des expositions accueillant de nombreuses foires internationales, le développement d'un complexe hôtelier, l'installation d'un golf et d'une base nautique aux bords du lac creusé pour l'assèchement des marais, la présence d'un centre commercial : tous ces éléments assurent à ce quartier une force d'attraction incontestable. Toutefois, ce succès ne peut masquer l'échec du volet « habitat collectif », dimension pourtant la plus planifiée de cette opération. Seuls deux groupes, voisins, de bâtiments sur les cinq prévus ont vu le jour, soit à peine un dixième des 15 000 logements programmés. Loin de la vie moderne promise dans un grand bois à proximité du cœur de la ville, les « clairières » des Aubiers et du Lauzun donnent, au moment de leur livraison, l'image d'une enclave dépourvue d'équipements, en dépit de la relative proximité de la zone commerciale. L'urbanisme de dalle, sans commerce ni desserte de bus, échoue à édifier l'agora attendue et produit un espace lugubre dans lequel les habitants évitent de flâner. Si 1 033 logements avaient été construits aux Aubiers en 1972, seuls 323 logements seront livrés l'année suivante dans un ensemble conçu à l'origine pour recevoir 3 000 habitants. Le désistement des quatre cinquièmes des candidats à l'achat met un terme au programme de construction en 1973. L'isolement géographique du quartier, l'appauvrissement de ses habitants affectés par les fermetures d'entrepôts et la désertion des quais et des hangars font glisser les Aubiers au rang de quartier « sensible ». Dès 1977, il fait l'objet d'une opération

« Habitat et vie sociale » où la réhabilitation est associée à la démolition de la dalle ; le quartier devient un territoire ordinaire de la « politique de la ville », l'une des rares cités bordelaises où l'on a pu observer quelques flambées de violence urbaine ; pourtant, en dépit de l'incendie du poste de police et de quelques commerces, il serait abusif d'assimiler cette cité à une zone de « non-droit ».

En centre-ville, à deux pas de la mairie, la rénovation du quartier populaire de Mériadeck, peuplé d'artisans, d'ouvriers et de « petites gens », constitue l'autre grande opération de planification urbaine portée par la municipalité Chaban, avec les mêmes objectifs d'équilibre et de lutte contre le déclin démographique de la ville-centre. Mais, là encore, un tiers seulement des 3 000 logements prévus à l'origine, qui devaient compenser les 2 500 logements rasés sur le site entre 1954 et 1979, seront finalement produits. L'architecture moderne de ce nouveau quartier, la discordance qu'il institue dans le paysage urbain du centre font l'objet de fortes critiques. Le programme n'est sauvé d'un échec complet que par l'établissement de nombreux sièges d'administration (Communauté urbaine, Conseil général, Hôtel de région, Préfecture de région, DASS, Poste centrale, Hôtel de police...) qui confortent la fonction administrative du quartier. Le projet initial de bâtir un quartier résidentiel s'est ainsi transformé, Mériadeck devenant un centre à vocation tertiaire.

Au regard de ces deux échecs, on comprend mieux pourquoi l'essentiel de la croissance urbaine bordelaise, qui atteint un pic dans les années 1960, s'est produit en périphérie. Pour faire face aux problèmes du logement, l'action la plus saillante des pouvoirs publics est la construction des grands ensembles des Hauts de Garonne, « zone à urbaniser en priorité » de 550 hectares créée au début des années 1960 sur trois communes de la rive droite de Bordeaux : Cenon, Floirac et Lormont. En 1977, 13 900 logements auront ainsi été réalisés sur ce vaste espace disponible à l'arrière de la façade industrielle située en bordure des quais, afin de décongestionner le centre-ville et de mettre fin à l'habitat insalubre qui y subsistait. Ainsi que le souligne le préfet de l'époque, Gabriel Delaunay, « les gens pourrissaient dans les taudis dans des conditions infectes. Il fallait les sortir pour les mettre au grand air... Au moins là-haut on pouvait voir la Garonne. C'était clair, c'était l'espace » [Coustet et Saboya, 2005, p. 216].

Échec manifeste quand il s'agit de densifier la ville, la planification urbaine passe néanmoins pour un succès politique. Conséquence de la rénovation de Mériadeck et de la restauration du secteur sauvegardé, la migration des classes populaires du centre de la ville vers les grands ensembles HLM de la périphérie a, au prix d'une accentuation de la ségrégation sociospatiale sur l'agglomération, conforté l'assise électorale de Jacques Chaban-Delmas sur sa commune. Cette gestion du peuplement s'inscrit dans le compromis pragmatique du « pacte de Bordeaux » assurant la domination des élus sur leur fief. Comparativement à d'autres métropoles, la commune de Bordeaux n'a guère accueilli sur son territoire de grands ensembles d'habitat social. Les cités HLM constituent un anneau périphérique de Bègles au Bouscat et de Lormont à Floirac, le plus souvent à l'intérieur de la rocade, dont les Hauts de Garonne forment, sur la rive droite, le maillon le plus imposant. Bien qu'excentrée, la localisation de ces cités n'apparaît pas comme le symptôme d'une volonté d'exclusion. Construits en fonction d'opportunités foncières mais à proximité de voies de communication et du centre de certaines communes de banlieue, ces grands ensembles ont d'abord été occupés par des classes moyennes bordelaises avant qu'un renouvellement de leur population, observable à Bordeaux comme ailleurs, ne ménage une large place à l'immigration et aux classes populaires pauvres [Lacan, Mouton-Barrère et Prost, 2003].

Maire bâtisseur, Jacques Chaban-Delmas a également modifié le paysage de l'agglomération bordelaise par sa politique d'équipement. La construction des ponts d'Aquitaine, Saint-Jean et Mitterrand, la réalisation d'une rocade autoroutière commencée en 1966 et bouclée en 1993, l'aéroport de Mérignac, le campus de Talence-Pessac, le conservatoire de musique et, de façon moins heureuse, les abattoirs, le vélodrome et le palais des sports sont autant d'illustrations des grands travaux impulsés sous son règne. Président de la Cub, Jacques Chaban-Delmas semble avoir veillé aussi bien à l'avancement des dossiers bordelais qu'à ceux des autres communes de l'agglomération. Toutefois, cette politique s'est réalisée au préjudice des petits équipements de proximité (aménagement d'écoles, crèches, squares, salles de sport) qui apportent aux habitants un service quotidien. Surtout, la plupart de ces grands travaux donnent l'impression d'une programmation conduite sans autre cohésion que l'adhésion aux standards de la modernité [Callais, Jeanmonod et Ragot, 2006] : culte de la hauteur pour les immeubles d'habitation, urbanisme assujetti au triomphe du tout-automobile (une autoroute urbaine est un moment envisagée sur les quais) ; le projet du maire de faire de Bordeaux une « ville dans un parc » rappelle la « ville verte » de Le Corbusier comme la « Lumineuse » de Bacalan, aujourd'hui détruite, faisait écho à sa « cité radieuse ». Les commentateurs les plus critiques ironiseront à propos de cette « quête d'exotisme moderniste » sans lien avec l'histoire de Bordeaux. Mériadeck et les Aubiers copient l'urbanisme de dalle du quartier de la Défense ; le projet de Ricardo Bofill et celui du métro imitent sans grand discernement Montpellier et Toulouse. Agrégat d'intérêts communaux plus que véritable gouvernement urbain, l'organisation de la communauté urbaine avalise les différents projets communaux d'équipement et d'aménagement urbains sans en évaluer la pertinence pour l'agglomération. L'urbanisme de l'agglomération s'est ainsi limité au développement des réseaux de voirie et à la prévention des risques d'inondation. Mais la Cub ne s'est jamais risquée à formuler une programmation audacieuse d'investissements structurants.

L'élargissement de l'intervention économique des communes stimulé par la décentralisation rend caduc un fonctionnement communautaire fondé sur l'habitude de ne pas contrarier les projets conçus par les uns ou les autres. À rebours des arrangements passés, la décentralisation avive la concurrence entre les communes, ici en offrant au moindre prix des terrains aux entreprises, là en proposant une taxe professionnelle sensiblement plus modeste. Ainsi, dans les années 1980-1990, avant l'instauration de la taxe professionnelle unique, cet impôt peut varier entre 8,5 % et 27 % sur la Cub. La ville de Bordeaux, qui pratique le plus fort taux, va perdre beaucoup de ses PME au profit des communes de la périphérie [Grandmaison, 1995]. L'implantation de zones d'activité sur la rive gauche assure, durant cette période, le développement des grandes villes de la banlieue bordelaise telles Pessac, Mérignac, Cestas ou Saint-Médard-en-Jalles. D'une manière générale, les activités se développent en première et deuxième couronne, voire hors de la Cub, dans des villes qui profitent de l'activité de l'agglomération sans avoir à en supporter le coût. Dans ces conditions, on comprend pourquoi la croissance urbaine et la montée en puissance de l'agglomération se sont opérées en faveur des communes de la périphérie au détriment de la ville-centre tant sur le plan démographique qu'économique. Les statistiques concernant la répartition des surfaces commerciales illustrent d'une manière saillante cette évolution des rapports entre Bordeaux et sa périphérie : « En 1970, Bordeaux-ville compte 250 000 mètres carrés de surfaces commerciales et sa périphérie 7 000 mètres carrés. En 1995, sa périphérie en compte 250 000 mètres carrés, autant que Bordeaux-ville » [Cuillier et Bernard, 1997, p. 83].

Quand Henri de Grandmaison, directeur de la rédaction de *Sud Ouest*, dresse l'état des lieux à la fin de la « Chabanie », il est principalement conduit à déplorer les dépenses somptuaires engagées vers la fin des années 1980, ainsi que la multiplication de projets grandioses, ruineux et inaboutis suscitant au bout du compte l'inquiétude des investisseurs. D'ailleurs, lorsqu'un projet se réalise, il ne semble pas toujours répondre aux attentes. Ainsi, le grand bâtiment de verre de la Cité internationale du vin est largement boudé par les négociants et accueille des bureaux, la transparence de l'édifice heurtant leur proverbiale discrétion. En cette période, la prolifération des « études » et des actions de « communication » s'apparente à un gaspillage des fonds publics. Bordeaux présente aussi tous les symptômes des « maladies infantiles » de la décentralisation. Outre les appels d'offres biaisés et les abus d'avenants, la maîtrise du budget municipal semble particulièrement compromise par l'opacité d'une gestion dont la propension à déléguer à des associations ou à des sociétés d'économie mixte provoque la perte de contrôle par les élus des subventions accordées. Le coût record des parkings souterrains sur l'agglomération bordelaise est un exemple frappant de ces errances : la place atteignait 368 814 francs sur Bordeaux, 295 369 francs sur Mérignac, 253 981 francs sur Pessac, alors qu'elle s'élevait à 45 520 francs à

Toulouse et à 87 500 francs à Sète où les contraintes de sous-sol étaient aussi difficiles qu'à Bordeaux [Grandmaison, 1995].

Durant ces premières années de la décentralisation, Bordeaux semble dépourvue de politiques urbaines. La dizaine de révisions du plan d'occupation des sols opérées dès les années 1980 jusqu'au milieu des années 1990 donne moins l'impression d'un assouplissement stratégique de l'urbanisme réglementaire que celle d'un enlisement clientéliste. Ainsi, le responsable de l'association Caudéran [1] dénonce en 1990 l'illégalité de près de 90 % des permis de construire délivrés ; son association a engagé trente-cinq recours devant le tribunal administratif et gagné vingt-deux procès en annulation.

Devant une telle paralysie, on peut, selon son inclination politique, attribuer le réveil bordelais et la transformation des projets en chantiers soit au pragmatisme et à l'énergie du maire élu en 1995, soit à l'application d'une nouvelle rigueur gestionnaire, si absente lors des deux derniers mandats de son prédécesseur. On notera également l'implication inédite de la Cub, soucieuse de sortir de son « urbanisme de tuyaux » et de rétablir des capacités de programmation pour l'ensemble de l'agglomération. D'une part, les élus de la périphérie sont conscients d'avoir davantage profité des Trente Glorieuses que la ville-centre. D'autre part, ils s'inquiètent des répercussions préjudiciables de la faiblesse des infrastructures bordelaises sur le développement de l'agglomération. Aussi, l'ensemble des maires de la banlieue bordelaise, quelle que soit leur appartenance politique, approuvent l'engagement de la Cub dans les projets visant à transformer la ville-centre ; leur financement de l'aménagement des quais symbolise cette nouvelle orientation et rappelle que cet aménagement intéresse toute la région. Un consensus se forge autour de la nécessité de disposer d'un véritable projet urbain susceptible de conforter la confiance des investisseurs dans des actions de longue durée et de redonner sens et cohérence au développement de la métropole bordelaise.

1. Comité d'accompagnement de l'urbanisme pour la défense et l'environnement, le respect et l'amélioration des normes (2 400 adhérents). Caudéran est aussi un quartier résidentiel huppé de Bordeaux.

Le projet urbain

Les priorités du développement urbain affichées aujourd'hui par les élus bordelais ressemblent à celles de la plupart des grandes villes. Densifier la ville-centre et sa banlieue, freiner une urbanisation anarchique et traiter les phénomènes d'exclusion sociale et spatiale sont présentés comme autant de remèdes à cette fragmentation urbaine que la métropolisation livrée à son cours spontané ne cesse d'aggraver. Suivant la modélisation proposée par Jacques Donzelot, le principal effet de ce processus s'apparente moins à une excroissance uniforme de l'urbain qu'à l'apparition d'une *ville à trois vitesses* où se dressent des barrières entre les espaces valorisés et ceux qui le sont moins [Donzelot, 2004]. Les classes moyennes supérieures retournent dans les quartiers anciens « populaires » des centres-villes, à proximité des nouveaux emplois qualifiés et des équipements culturels. Les catégories moyennes moins aisées, en quête d'un logement à moindre coût foncier, sont rejetées dans une vaste aire péri-urbaine plus ou moins marquée par le « mitage » urbain. Certaines couches sociales, marginalisées, sont reléguées dans les grands ensembles mal réputés de la périphérie proche. L'urbanité, définie comme la qualité fondamentale des villes à même de favoriser les interactions sociales et les contacts entre les groupes, est alors grandement fragilisée. Bordeaux illustre cette accentuation des processus ségrégatifs producteurs d'un espace urbain de plus en plus polarisé socialement. Les zones résidentielles gagnent en homogénéité et les quartiers de mixité sociale sont plutôt rares.

Dans ce cadre, le projet urbain bordelais peut donc être appréhendé à l'aide de questions simples : quels sont les outils mis en œuvre pour agir sur la polarisation sociale de l'espace ? Dans quelle mesure sont-ils portés par une volonté politique lisible et univoque ? Quelle est l'efficacité de ces instruments de régulation ? L'agglomération bordelaise paraît-elle en mesure de contenir la périurbanisation, de réduire la relégation, de maîtriser la gentrification ?

La course à l'étalement urbain

On l'a dit, l'évolution de la démographie bordelaise est, depuis les années 1960, marquée par un contraste important entre ville-centre et périphérie. La croissance de la population est en moyenne forte dans l'agglomération (+ 45 % entre 1962 et 2000) [Insee Aquitaine, 2006a], mais ce développement cache une disparité nette entre la commune de Bordeaux en déclin (– 22 %) et la très forte croissance des villes qui l'entourent, en particulier à l'ouest et au nord-ouest. Caractéristique de l'étalement urbain, cette augmentation démographique est la plus forte dans les communes de la couronne extérieure de l'agglomération, qui possèdent encore une réserve foncière accessible aux ménages de classes moyennes : on y trouve aujourd'hui quatre fois plus de résidences principales qu'au début des années 1960. Il s'agit essentiellement de pavillons individuels où se sont installés des couples avec enfants, ce qui a conduit à un net rajeunissement dans les zones concernées. Ainsi, dans certaines communes de l'Ouest, les jeunes de moins de 20 ans sont plus de deux fois plus nombreux que les adultes de plus de 60 ans (à Bordeaux, le rapport est seulement de 1,2 au profit des jeunes).

S'il permet aux ménages d'accéder à l'habitat individuel en échappant aux désagréments de la ville-centre (problèmes de circulation et de stationnement, pollution, manque d'espaces verts, promiscuité, coût de l'immobilier), ce développement « à la californienne » a un indéniable coût pour la collectivité. D'abord, l'étalement urbain et les migrations pendulaires qu'il impose sont une des causes de la saturation des infrastructures de transport routières et autoroutières empruntées pour le transit des marchandises comme pour les déplacements locaux et intra-urbains. En cela, Bordeaux doit résoudre le même problème que les autres métropoles : le risque d'une paralysie des déplacements qui pénalise la vitalité des échanges économiques et l'accessibilité aux services. En outre, le développement important du périurbain entraîne une réduction de la mixité sociale dans l'habitat et dans les espaces publics, en particulier dans le cœur de Bordeaux, qu'une partie des citadins délaisse au profit des vastes centres commerciaux et complexes de loisirs qui sont désormais offerts de manière plus accessible en voiture.

Pourtant, selon la situation démographique, économique, géographique de leur commune, les élus portent un regard ambivalent sur le phénomène. Dans les territoires les plus éloignés de la ville-centre, ou encore dans les zones les plus marquées par l'habitat social, les municipalités appellent de leurs vœux l'arrivée de populations nouvelles, garantie d'une meilleure dotation en équipements et d'une amélioration sensible de l'image de leur ville. À l'inverse, la politique urbaine de la commune de Bordeaux a, parmi ses objectifs majeurs, le maintien de familles de milieux moyens et modestes dans un centre-ville vieillissant ou trop systématiquement voué à la sociabilité estudiantine. Ainsi les élus ne parlent-ils pas d'une même voix sur ce point, même s'ils sont nombreux à dénoncer les effets nuisibles de l'étalement urbain et à déclarer vouloir œuvrer dans le sens d'un rééquilibrage nécessaire en faveur de la ville-centre. Par ailleurs, les promoteurs, les bailleurs sociaux et de nombreux professionnels de l'urbain soulignent la contradiction entre la volonté de lutter contre l'étalement urbain et l'élaboration d'un plan local d'urbanisme (PLU) qui, par la timidité de ses propositions de densification, réduit l'offre de terrains à bâtir sur Bordeaux et la première couronne : conscients des réticences de leurs administrés à l'idée que s'implante dans leur voisinage un habitat collectif synonyme pour eux de désordre et d'appauvrissement, les élus craignent la densité au moins autant qu'ils la désirent.

Finalement, la construction perd aujourd'hui du terrain sur l'ensemble de l'agglomération : les deux tiers des constructions neuves réalisées par des professionnels le sont en dehors des quatre-vingt-dix communes du schéma directeur, essentiellement pour des raisons de prix liées à l'augmentation du foncier. En l'absence d'une vision véritablement cohérente, les pouvoirs locaux échouent jusqu'à présent à réguler de manière efficace une périurbanisation qui reste avant tout le terrain de jeu des opérateurs et des acteurs privés, au plus loin d'une réflexion générale sur la ville comme bien commun.

Peut-on croire dans le renouvellement urbain ?

L'agglomération bordelaise compte au début de l'année 2003 16,8 % de logements locatifs sociaux, essentiellement situés dans Bordeaux et sa proche périphérie (dix-neuf communes de la Cub possèdent moins de 5 % de logements sociaux). Héritage des ZUP, un tiers du parc locatif social est concentré dans une vingtaine de quartiers, dont une bonne part appartient aux trois communes de la rive droite : Cenon, Floirac et Lormont.

Ces quartiers de grands ensembles présentent les caractéristiques économiques désormais bien connues des zones urbaines sensibles, même si les « tableaux de bord » des banlieues bordelaises sont loin d'afficher des chiffres aussi alarmants que certains autres sites de grands ensembles, en région parisienne ou lyonnaise par exemple : des actifs peu qualifiés et particulièrement touchés par le chômage, des ressources faibles, précaires et fortement dépendantes des prestations sociales. À Lormont, le quartier Génicart accueille ainsi près de 45 % de non-diplômés parmi ses habitants (contre 23 % dans la Cub), connaît un taux de chômage de 45 % chez les 15-24 ans (contre 30 % dans la Cub) et compte seulement 17 % de professions intermédiaires et de cadres parmi ses actifs (contre 40 % dans la Cub). 10 % des ménages de la ville sont allocataires du RMI, et le revenu net fiscal imposable de la commune est l'un des plus faibles de la métropole bordelaise (8 995 euros en 1999, un chiffre inférieur de 35 % à la moyenne de la Cub). Ces territoires accueillent aussi la majeure partie des populations immigrées de l'agglomération : les quartiers comptant plus de 60 étrangers hors Union européenne pour 1 000 habitants se situent dans moins d'une dizaine de communes (Bordeaux, Bègles, Cenon, Eyzines, Floirac, Lormont, Mérignac, Pessac, Talence) ; alors que le taux d'étrangers hors UE est de 26 pour 1 000 dans l'agglomération, et de moins de 10 pour 1 000 dans la plupart des communes de la grande couronne. Cette spécification concourt grandement au déficit d'image dont souffrent ces zones d'habitat qui, si elles ne font pas la Une des médias nationaux, sont l'objet d'une forte stigmatisation dans la métropole bordelaise comme à l'échelle du département.

Sur la rive droite, les trois communes des Hauts de Garonne (Cenon, Floirac, Lormont) sont de ce point de vue emblématiques. Les quartiers qui s'y construisent à partir des années 1960 sont implantés sur ce territoire au moment même où les emplois industriels s'y raréfient, notamment en raison de la fermeture des chantiers navals. Ils accueillent d'abord une population plutôt diversifiée tant du point de vue de l'appartenance professionnelle que de l'origine géographique, mais voient peu à peu partir leurs ménages les plus aisés et deviennent dès les années 1980 l'archétype des « banlieues à problèmes » ciblées par la politique de la ville. Pour les classes moyennes et supérieures ils seront alors des lieux à éviter, même si les hauteurs de certaines communes se dotent de zones pavillonnaires restreintes, d'ailleurs bien perçues par leurs habitants et par leurs voisins comme un « monde à part » [Villechaise-Dupont, 2000].

Cependant, les Hauts de Garonne sont aujourd'hui engagés dans un renouvellement urbain de vaste ampleur en vue de leur réinscription positive dans la métropole. Des multiples opérations de réhabilitation passées à la rénovation urbaine actuelle, les bailleurs évoquent un « changement de braquet ». Point d'orgue d'une action de « reconquête urbaine » entamée avec l'installation d'entreprises dans le cadre de la zone franche urbaine, l'amélioration de la mixité fonctionnelle des quartiers par la transformation d'appartements en commerces et bureaux, ou encore l'arrivée du tramway reliant rive droite et rive gauche bordelaises, les importantes destructions prévues (900 logements dans le quartier Génicart à Lormont, plus de 500 à Cenon...) apparaissent aux techniciens et aux élus de terrain comme un coup de pouce ultime et décisif pour la revalorisation de ces espaces « repoussoirs ». Ils doivent désormais redevenir attractifs pour les classes moyennes et se constituer en exemples de la mixité sociale. En dépit de ces efforts, comme l'installation de la zone franche urbaine des Hauts de Garonne-Bastide où ont été créés 1 500 établissements et près de 7 500 emplois, le nombre de bénéficiaires du RMI n'a que légèrement diminué et celui des allocataires à faibles revenus augmente régulièrement chaque année [Duban, 2002].

Ce pari ambitieux est-il en passe d'être gagné ? Les atouts de certains quartiers de grands ensembles (les mieux reliés à l'hypercentre, les plus dotés en équipements publics et commerciaux, les plus proches de vastes espaces verts) peuvent le laisser penser : les nouvelles résidences en « petits collectifs » et les pavillons individuels succédant aux tours et barres détruites sur les sites du renouvellement urbain trouveront sans aucun doute preneurs chez les ménages de classes moyennes, qui ont d'ores et déjà commencé à réinvestir ces communes. Mais cette transformation est-elle possible pour tous les quartiers bordelais en difficulté ? Surtout, la « banalisation » en cours profite-t-elle aux habitants des HLM voués à la destruction ? On le sait, « casser le ghetto » ne signifie pas seulement rompre avec la stigmatisation des quartiers de grands ensembles, il s'agit aussi et surtout d'engager un parcours de mobilité résidentielle là où les trajectoires paraissaient bloquées. Dans quelle mesure le relogement des ménages concernés par la destruction de leur immeuble satisfait-il cet objectif ?

Une observation encore partielle des opérations en cours permet d'avancer quelques constats assez favorables [Oblet, Perroton, Schiff et Villechaise-Dupont, 2005]. Il semble que, dans l'agglomération bordelaise, le renouvellement urbain ne conduise pas à « disperser les pauvres » sans se soucier des souhaits et des besoins exprimés par les ménages : selon les opérations observées, environ deux tiers des ménages sont relogés dans la même commune ou dans une commune limitrophe. Par ailleurs, le logement obtenu offre souvent une amélioration objective des conditions d'habitat, parce qu'il est plus grand, qu'il appartient à un ensemble résidentiel moins stigmatisé et plus sécurisé, voire parce qu'il fait accéder à la maison individuelle. Ainsi, les enquêtes réalisées auprès de ménages cénonais relogés révèlent un degré de satisfaction élevé à l'issue du déménagement, même s'il n'a pas toujours été simple de quitter la « vie de cité ». Les stratégies anticipatrices des bailleurs, leur longue habitude de travail avec des élus et des techniciens rompus aux problèmes du logement social, enfin les marges de manœuvre laissées par un contexte foncier et immobilier local offrant encore des opportunités de mutation résidentielle dans le parc existant et des possibilités de constructions nouvelles à coût abordable ont permis, pour l'instant tout au moins, que la reconquête des territoires urbains périphériques stigmatisés ne se fasse pas aux dépens des plus démunis.

On se gardera pourtant d'extrapoler ce résultat positif. D'abord, les opérations ne sont pas achevées et risquent d'afficher au final des résultats modestes au regard de l'objectif de mixité sociale recherché. La construction de logements accessibles aux plus pauvres dans des secteurs urbains valorisés ou simplement « banals » est rendue difficile en raison du coût élevé du foncier sur ces zones, de la frilosité des décisions collégiales et de la faiblesse des solidarités intercommunales en matière de logement social, personne ne voulant accueillir les « pauvres des autres ». Ensuite, l'avenir des quartiers en mutation est encore incertain, en particulier pour les habitants qui ne sont pas appelés à déménager et dont l'habitat risque vite d'apparaître comme encore plus déclassé en comparaison des constructions destinées à un nouveau voisinage plus aisé. Enfin, une mobilité résidentielle retrouvée pour certains ménages peut aussi signifier une mutation ou une entrée plus difficiles dans le parc social pour tous ceux qui ne sont pas concernés par les relogements prioritaires dans le cadre du renouvellement urbain, d'autant plus que les nouveaux logements sociaux ne sont pas majoritairement destinés aux ménages ayant de très faibles ressources. Si la rénovation urbaine semble être un outil relativement efficace pour remédier au déficit d'image de certains territoires bordelais et pour offrir de nouvelles possibilités résidentielles aux classes moyennes ainsi qu'aux franges les moins démunies des classes populaires, elle ne paraît pas toujours adaptée à la lutte contre la concentration et la relégation des plus pauvres.

Le centre de Bordeaux : une gentrification contrôlée au nom de la mixité sociale ?

Parmi ces ménages pauvres, beaucoup restent aux portes du logement HLM et doivent se contenter d'un logement privé à bas prix, ce qui signifie promiscuité, inconfort et insalubrité. Dans l'agglomération bordelaise, ce parc social de fait se situe majoritairement dans le centre et l'hypercentre, au sein de quartiers accueillant de longue date des populations migrantes et démunies (les quartiers Saint-Michel, Saint-Éloi, Sainte-Croix par exemple), mais aussi dans des quartiers ouvriers victimes de la désindustrialisation (Bastide, Bacalan, Belcier, les « 3 B » selon la terminologie des élus et des techniciens municipaux). La spécialisation ancienne ou plus récente de certains territoires du centre dans le logement des plus pauvres n'est bien sûr pas spécifique à Bordeaux. Mais elle y a été renforcée à la fois par le départ très massif des catégories moyennes et aisées vers la périphérie à partir des années 1960, et par les faibles moyens investis par la commune dans ces zones d'habitat qui, jusqu'à une date récente, sont demeurées à l'écart des grands projets de la ville. Il en découle une forte polarisation sociospatiale de la cité, certains quartiers du centre y constituant des poches de pauvreté comparables aux quartiers de grands ensembles au sein même d'une agglomération plutôt « riche ».

Au cœur d'une politique municipale visant tout à la fois la résorption de l'habitat dégradé et le retour des familles de catégories moyennes dans le centre-ville, le devenir de ces territoires est aujourd'hui en question. Le quartier Saint-Michel, inclus dans le centre historique de Bordeaux sur lequel portent depuis 1967 des actions de rénovation, illustre avec acuité les mutations en cours. Anciennement quartier commerçant, artisan et ouvrier lié aux activités du port, Saint-Michel est demeuré, depuis le Moyen Âge, un territoire d'accueil des populations migrantes et précaires auxquelles il offre à la fois des logements accessibles et de fortes ressources communautaires. Sa réhabilitation, commencée au début des années 1980 dans le cadre du développement social des quartiers (DSQ) et d'une opération programmée d'amélioration de l'habitat (OPAH), entraîne une première transformation de la population. La réhabilitation des immeubles, alors plus orientée vers la préservation du patrimoine qu'instruite par un projet de peuplement et une politique sociale, est en effet menée par des opérateurs privés avant tout soucieux du rendement locatif des biens dans lesquels ils investissent. Malgré la veille organisée par le réseau associatif et les travailleurs sociaux attentifs au maintien des ménages défavorisés dans le quartier, elle se traduit par le découpage des appartements en studios et T1, conduisant à la diminution du nombre de familles présentes au profit de ménages isolés, essentiellement étudiants. Cette première vague de rénovation a pour effet une augmentation sensible des prix de l'immobilier dans le secteur, même si Saint-Michel conserve auprès des Bordelais un déficit d'image dû à la forte présence de ménages immigrés et à la visibilité de l'activité délinquante liée notamment au trafic de stupéfiants. Saint-Michel, à l'instar du quartier voisin Saint-Pierre dont la rénovation a été entamée dix ans plus tôt, entre dans un processus de gentrification qui, s'il s'accompagne d'une nette amélioration de l'habitat, menace fortement la fonction d'accueil remplie par le quartier auprès des populations démunies.

Pour partie conçue en réaction à ce processus, l'Opération programmée d'amélioration de l'habitat de renouvellement urbain (OPAH RU) menée depuis 2002 s'inscrit dans une perspective bien différente. S'il faut toujours agir sur le bâti, en particulier éradiquer l'habitat insalubre, l'action est aussi attentive au peuplement du quartier. Selon le chef de projet, la municipalité adopte en la matière une position plus « volontariste », la société d'économie mixte Incité, animatrice de l'OPAH et opératrice de la Convention publique d'aménagement, devant favoriser l'augmentation de logements sociaux et le maintien des populations qui le souhaitent dans le quartier. Considérant les effets pervers des opérations précédemment menées, la puissance publique cherche désormais à offrir un garde-fou aux seuls mécanismes du marché quand ceux-ci conduisent à évincer les plus pauvres et à saper la mixité fonctionnelle du quartier.

D'une façon générale, l'action menée dans le centre de Bordeaux vise donc à instaurer une gentrification régulée garantissant la mixité sociale de ces territoires. Pour les élus, les quartiers du cœur historique de Bordeaux, qui participent de son prestige, ne peuvent certes pas être associés à un habitat dégradé et aux situations de pauvreté. Mais il est tout aussi inconcevable aujourd'hui qu'ils deviennent des espaces muséifiés ou encore uniquement occupés par des étudiants et des familles aisées. L'enjeu des opérations de rénovation actuelles est bien le développement d'un parc locatif accessible et confortable permettant aux ménages modestes et aux familles de classes moyennes de demeurer en ville dans de bonnes conditions de logement.

Avec quelles chances de succès ? Les opérations menées appellent au moins deux remarques. D'une part, les ressources dont disposent les élus et les techniciens sont souvent insuffisantes pour peser avec force sur les mutations en cours. Convaincre des acteurs privés de créer du logement conventionné au cœur des villes se révèle très dispendieux en énergie pour des résultats quantitatifs faibles, particulièrement lorsqu'il s'agit de logements destinés aux personnes à très bas revenus ; le relogement des ménages démunis dans le périmètre rénové demeure donc un problème difficile à résoudre. D'autre part, la municipalité n'a pas toujours une position univoque quant à la nécessité de densifier le cœur de ville. L'objectif poursuivi est bien sûr de réduire le départ des ménages (notamment les jeunes ménages avec enfants) vers la périphérie pour éviter une dévitalisation du centre, mais pas au prix de constructions s'intégrant mal dans l'environnement. Dès lors, les opportunités de construction ou de rénovation existent, mais elles portent pour chacune d'entre elles sur un faible volume de logements et doivent respecter un cahier des charges très contraignant, ce qui constitue un contexte fortement dissuasif pour l'investissement des bailleurs sociaux dans le centre. Ainsi, à Bordeaux comme ailleurs, la construction d'un centre-ville qui ne soit pas réservé à l'habitat des catégories les plus privilégiées demeure un véritable défi. Celui-ci est d'autant plus difficile que le mouvement de gentrification, loin de se cantonner au centre, touche aujourd'hui d'anciens quartiers populaires de la première couronne de l'agglomération.

Les leviers d'action dont dispose la puissance publique sur les grands mouvements de recomposition à l'œuvre dans la métropole apparaissent encore faibles. Certes, sur la période récente, la mobilisation des élus et des techniciens bordelais a grandi pour maîtriser la périurbanisation, réduire la relégation et limiter la gentrification. Mais, pour lutter efficacement contre les effets pervers du marché et infléchir les décisions individuelles des ménages dans un sens moins néfaste au bien commun, des outils restent à trouver, qu'il s'agisse d'instruments juridiques plus incitatifs, voire plus coercitifs, ou des moyens à déployer pour mutualiser les décisions et accroître les solidarités à l'échelle de la métropole. À défaut, les ménages démunis et modestes se retrouveraient une nouvelle fois victimes des processus ségrégatifs en cours.

Le « grand contournement »

Une part considérable du trafic routier, notamment du transport de marchandises, établi entre l'ouest de l'Europe et la péninsule Ibérique transite par la rocade qui entoure la première couronne de l'agglomération bordelaise. Vital pour l'économie européenne, ce trafic en augmentation continue paralyse la ville aux heures où les Bordelais se rendent à leur travail, durant les week-ends et, plus encore, lorsque des flots de vacanciers « descendent » vers le Sud, les plages et le Maghreb.

Les projets de grand contournement de l'agglomération illustrent avec acuité la tension qui existe entre des actions dictées par l'ambition de faire accéder la métropole bordelaise au rang de ville internationale et celles requises pour l'aménagement d'une cohésion urbaine et sociale que l'excellence économique ne garantit pas. Le dossier du grand contournement de Bordeaux, dont le début du chantier est espéré pour 2009 et la mise en service entre 2015 et 2020, met en lumière les difficultés d'une politique urbaine qui est aussi une politique nationale et internationale. Si l'automobiliste bordelais peut se réjouir à l'idée que le grand contournement soulagera la rocade de 5 000 à 6 000 poids lourds chaque jour, il est admis que ce délestage ne résorbera pas totalement son engorgement, tant les embouteillages impliquent pour l'essentiel la population locale se rendant à son travail. La décongestion de la rocade exige qu'elle soit élargie à deux fois trois voies. Or, même cet aménagement, en plus de reconduire l'allégeance au « tout automobile », n'éviterait pas à la rocade d'être de nouveau saturée en 2020. En réalité, le grand contournement vise d'abord à répondre aux exigences du développement des échanges commerciaux entre la péninsule Ibérique et le reste de l'Europe. Disjoindre le trafic urbain du trafic de transit national ou international doit, en premier lieu, servir la fluidité de ce dernier. Le caractère trop incertain du développement du ferroutage réclame un équipement susceptible de supporter l'augmentation du trafic routier de transit : de 14 300 véhicules par jour en 2003 à près de 24 000 en 2025.

Dans ce contexte, le consensus politique sur la nécessité de réaliser ce grand contournement exprime en premier lieu le souci d'intégrer la métropole bordelaise à l'espace européen par le développement de réseaux de communication de qualité. Il traduit l'option de se rapprocher résolument des villes d'Espagne et du Portugal en tirant parti d'une position géographique privilégiée sur l'axe européen de transit Nord-Sud. Le choix de contourner Bordeaux par l'ouest (presqu'île d'Ambès et Médoc) plutôt que par l'est (Libournais et Entre-deux-Mers), parce qu'il est principalement déterminé par la desserte de l'aéroport de Mérignac, incarne cette préoccupation de faire de Bordeaux le carrefour de multiples réseaux de communication.

Le maire de Bordeaux, le président de la Cub, les présidents du Conseil général et du Conseil régional sont désormais tous favorables au principe d'un grand contournement de l'agglomération bordelaise par l'ouest suivant le système de la concession autoroutière. Le chemin pour en arriver là reste néanmoins révélateur des rivalités en jeu dans la conduite politique du développement de la métropole bordelaise. Au début des années 1980, le président du Conseil général, Philippe Madrelle, fut le premier à réclamer cet équipement. Son intention était de désenclaver le Médoc, d'aider au développement de la zone portuaire de la presqu'île d'Ambès, de faciliter l'accès des habitants de la Gironde à l'aéroport. Cette orientation entendait équilibrer un mouvement de métropolisation dans lequel le développement de la ville-centre et des noyaux durs de l'agglomération se fait au détriment des petites villes périphériques et des campagnes girondines. À l'inverse, Alain Juppé, maire de Bordeaux et président de la Cub, manifesta d'abord son hostilité à ce projet. Il craignait que la construction d'une « super-rocade » ne stimule l'étalement urbain aux dépens de la densification de la communauté urbaine et du poids démographique de la ville-centre. Il s'est rallié au projet avec l'assurance que le contournement ressemblerait davantage à une autoroute qu'à une rocade et que, en dehors des extrémités de cette déviation, il n'y aurait que deux sorties : l'une pour gagner l'aéroport, l'autre pour desservir le Médoc. Dès lors, ce sont les élus du nord du département qui se plaignent puisqu'ils supporteront tout le poids de l'équipement, notamment l'arrachage de vignes, sans désenclaver pour autant leur territoire. Ils ont l'impression d'avoir été floués, la limitation du nombre d'échangeurs et leur emplacement les condamnant à seulement « regarder passer les camions ». L'articulation des réseaux locaux aux réseaux internationaux relève plus du combat que de la complémentarité et l'histoire du projet de grand contournement n'est pas terminée.

En réaction contre une période vécue comme un long enlisement, le projet urbain récent vise à affronter la compétition ouverte entre les villes traversées par un « processus de métropolisation qui concentre populations et activités dans des agglomérations de plus en plus étendues » [Lacour et Puissant, 1999]. Son enjeu est de constituer l'agglomération bordelaise en acteur économique et politique crédible et d'y attirer investisseurs et populations « désirables ». Cela requiert pour Bordeaux de conforter ses fonctions métropolitaines de centre de commandement, de pôle de ressources en formation, recherche et développement, de carrefour des différents réseaux de communication moderne, de vitrine d'un cadre de vie architectural et urbain de qualité [Oblet, 2005]. Fait rare dans l'histoire de Bordeaux, la politique urbaine est ainsi reconnue comme un enjeu majeur du gouvernement de la ville : elle se présente à la fois comme la clef de sa compétitivité et comme le garant d'une solidarité que l'État n'apparaît plus à même d'assurer. L'accord établi sur ce projet de modernisation et de développement n'efface ni les conflits d'intérêts entre les communes ni, au-delà et de manière plus sourde, les conflits et les tensions entre les groupes sociaux ; chacun ayant en fait intérêt à ce que les plus pauvres soient ailleurs que chez lui. En ce sens, les politiques urbaines ne se déclinent pas seulement en termes de projets « technocratiques », elles procèdent d'une activité proprement politique et d'une série d'arbitrages culturels, économiques et sociaux. Si les

« luttes de classes » ne se lisent pas directement dans les politiques urbaines comme le pensaient les sociologues de la ville des années 1970, elles n'ont pas disparu pour autant.

Conclusion

La lecture sociologique d'une ville peut être organisée selon plusieurs axes ou plusieurs grammaires. Quand il s'agit d'une vieille ville comme Bordeaux, on peut essayer de montrer comment s'articulent la tradition et la modernité. Bordeaux reste attachée à son passé, elle le redécouvre et le montre avec d'autant plus de force qu'il participe de son développement touristique, de ses activités commerciales avec le vin et de son identité culturelle : les Bordelais pensent que leur ville est belle sans être toujours dupes d'un « esprit bourgeois » si régulièrement dénoncé qu'il participe presque du folklore local. Mais Bordeaux est bien plus moderne que ne le laisse accroire son image traditionnelle et un peu guindée. L'agglomération ne cesse de s'étendre dans des banlieues qui ne sont pas des cités-dortoirs, mais des communes dont les activités économiques et les modes de vie sont plus proches d'un style urbain californien que d'une ville provinciale balzacienne. L'agglomération est structurée par les routes et les hypermarchés bien plus que par les places et les églises. La grande majorité des habitants vit, travaille et consomme dans des communes de banlieue dont l'espace est, à la fois, la principale richesse et la plus grande difficulté si l'on en juge par la longueur des déplacements. Et il n'est pas exclu qu'un jour les rives du bassin d'Arcachon entrent dans la ville.

Une autre manière de lire la ville consiste à y voir d'abord une mise en ordre spatiale des groupes et des classes sociales. Bien sûr, Bordeaux n'est pas une ville égalitaire et, durant une longue période de son histoire, elle distinguait d'autant mieux la bourgeoisie et le peuple que l'opposition des deux rives de la Garonne, des quartiers du fleuve et des quartiers du centre, clivait physiquement ces deux mondes. Aujourd'hui, les inégalités subsistent mais elles ne se présentent plus de la même manière. L'extension de la ville a étalé les inégalités sociales dans l'espace en construisant des enclaves populaires et des niches de pauvreté. L'agglomération compose une ville riche comptant beaucoup de pauvres disséminés dans un océan de classes moyennes. Ainsi les problèmes sociaux y paraissent-ils parfois moins aigus et moins visibles qu'ailleurs puisque les classes sociales peuvent s'éviter ou faire semblant de ne pas se voir. Rien de comparable ici aux quartiers Nord de Marseille. Ceci ne signifie pas que les problèmes sociaux soient absents ; ils sont simplement un peu moins visibles qu'ailleurs.

La répartition spatiale des inégalités, sinon les inégalités elles-mêmes, conduit vers une lecture politique de la ville car, si le marché foncier pèse, il est aussi contraint par diverses législations et, surtout, il tient compte des politiques d'aménagement et de développement économique. Sur ce plan, l'agglomération bordelaise est une unité politique pertinente et si ce livre a consacré deux chapitres à la vie politique et aux politiques urbaines, c'est parce que les vieilles classes dirigeantes ont laissé la place à un système complexe mêlant leaders d'opinion, groupes d'intérêt, associations, élus et techniciens, sans que l'on puisse dire que quelques réseaux aisément identifiables tiennent la ville dans leurs mains. Aussi, au prix de longues étapes de marchandage et de négociations, l'agglomération se dessine plus en fonction de logiques politiques que de logiques strictement sociales. L'économie, l'aménagement, la culture, l'innovation et la défense du patrimoine se conjuguent sans que l'on puisse dire véritablement qui décide « en dernière instance ». Derrière l'image toujours excessive des « grands hommes », le système politique élargi fait office de classe dirigeante.

Pour comprendre Bordeaux, il faut s'en éloigner. La sociologie d'une ville n'est ni un système fermé ni un personnage local ne dialoguant qu'avec lui-même, et le cas de Bordeaux le montre à l'évidence. Son développement a participé du transfert de l'« économie monde » de la Méditerranée vers l'Atlantique. Sa stagnation, sinon son déclin, participe des avanies des destins coloniaux et de la concentration industrielle vers le monde rhénan. Aujourd'hui, l'avenir de l'agglomération est lié à celui des transformations économiques européennes ; les débats relatifs au projet de grand contournement de la ville montrent que les enjeux locaux et les enjeux internationaux sont indissociablement liés.

Sur ce plan, Bordeaux n'est pas des mieux placées car la ville est à la marge du grand axe de développement qui va du sud de l'Angleterre au nord de l'Italie en passant par la région parisienne, l'ouest et le sud de l'Allemagne. Le bouclage d'une ligne de TGV reliant Bordeaux à Paris et à l'Espagne tarde à se réaliser et bien des régions d'Aquitaine sont encore enclavées malgré l'ouverture, fort tardive, d'une autoroute rapprochant Bordeaux du centre de la France et de la région lyonnaise. Bordeaux se développe au cœur d'une région où le dynamisme démographique n'empêche pas le vieillissement et dont la « qualité de vie » ne cache pas les profonds déséquilibres. L'avenir de Bordeaux et de l'Aquitaine est donc lié à un destin qui les dépasse, celui de l'intégration et du développement de la face atlantique du sud-ouest de l'Europe.

Pourtant, la métropole aquitaine possède un réel potentiel, et le classement des 180 villes européennes de plus de 200 000 habitants établi par la Datar en 1989 et en 2003 confirme la marge de progression dont elle dispose [Rozenblat et Cicille, 2002]. Classée en 39e position, la métropole bordelaise se trouve ainsi parmi les douze premières villes françaises qualifiées de « ville européenne », à mi-chemin entre les villes sans grandes perspectives et les villes les plus dynamiques. Les indicateurs de développement universitaire (formation, recherche, revues scientifiques, etc.) et culturel (musées, sites culturels, etc.), économiques (sièges sociaux de grands groupes européens), les fonctions d'accueil (tourisme, congrès, foires internationales, etc.), les réseaux de transport (accessibilité des villes, transport aérien, maritime, routier) montrent que Bordeaux fait jeu égal avec Bilbao, Montpellier et Nantes et qu'elle talonne de près Lyon, Marseille et Toulouse.

Bordeaux restera-t-elle une ville à « potentiel européen » ou deviendra-t-elle une ville « d'importance européenne » ? Il est difficile de le savoir aujourd'hui. Tout se jouera probablement dans la densité de la coopération et de la complémentarité entre les villes et les métropoles de l'« arc atlantique », Bilbao et Nantes notamment, et entre les villes du Sud, à commencer par Toulouse. Or Bordeaux et Toulouse mènent leur stratégie séparément ; quand elles ne s'ignorent pas, elles se posent en concurrentes. Bordeaux est trop grande pour n'être que la capitale régionale d'une Aquitaine rurale, mais elle est trop petite pour jouer seule dans un monde qui, comme chacun le sait et l'accepte avec plus ou moins de plaisir, a changé d'échelle.

Annexe

Les communes de l'agglomération bordelaise

Ambarès-et-Lagrave	*
Ambès	*
Artigues-près-Bordeaux	*
Arveyres	
Bassens	*
Bègles	*
Blanquefort	*
Bonnetan	
Bordeaux	*
Bouliac	*
Bruges	*
Cadaujac	
Camblanes-et-Meynac	
Canéjan	
Carbon-Blanc	*
Carignan-de-Bordeaux	
Cénac	
Cenon	*
Cestas	
Eysines	*
Fargues-Saint-Hilaire	
Floirac	*
Gradignan	*
Izon	
Latresne	
Le Bouscat	*
Le Haillan	*
Le Pian-Médoc	
Le Taillan-Médoc	*
Léognan	
Lignan-de-Bordeaux	
Lormont	*
Martignas-sur-Jalle	
Mérignac	*
Montussan	
Parempuyre	*
Pessac	*
Pompignac	
Quinsac	
Saint-Aubin-de-Médoc	*
Saint-Louis-de-Montferrand	*
Saint-Médard-en-Jalles	*
Saint-Vincent-de-Paul	*
Sallebœuf	
Sainte-Eulalie	
Saint-Jean-d'Illac	
Saint-Loubès	
Saint-Sulpice-et-Cameyrac	
Talence	*
Tresses	
Vayres	
Villenave-d'Ornon	*
Yvrac	

* Communes appartenant à la Communauté urbaine de Bordeaux (Cub).
En italique : communes n'appartenant pas à l'Unité urbaine de Bordeaux (Insee).
En gras : communes de + 10 000 habitants.

Source : Insee.

Repères bibliographiques

BÉHAR D. et ESTÈBE P. [1999], « L'État peut-il avoir un projet pour le territoire ? », *Les Annales de la recherche urbaine*, n° 82.

BENZ A. et FRENZEL A. [1999], « La dynamique institutionnelle de la région urbaine de Bordeaux : du "système Chaban" à Alain Juppé », *in* JOUVE B. et LEVÈFRE C. (dir.), *Villes, métropoles, les nouveaux territoires du politique*, Anthropos/Economica, Paris, p. 73-102.

BUTEL P. [1991], *Les Dynasties bordelaises, de Colbert à Chaban*, Perrin, Paris.

BUTEL P. et POUSSOU J.-P. [1980], *La Vie quotidienne à Bordeaux au XVIIIe siècle*, Hachette, Paris.

CALLAIS C., JEANMONOD T. et RAGOT G. [2006], *Bordeaux, Paris : cité de l'architecture et du patrimoine*, IFA.

CHÂTEL F. [2004], « Des activités différenciées autour de Bordeaux », *Le quatre pages*, Insee Aquitaine, n° 134, novembre.

CHASTENET P. [1991], *Chaban*, Seuil, Paris.

COUSTET R. et SABOYA M. [2005], *Bordeaux. La conquête de la modernité. Architecture et urbanisme à Bordeaux et dans l'agglomération de 1920 à 2003*, Mollat, Bordeaux.

CUB [2006], « Bordeaux métropole : sous le signe du dynamisme », Communauté urbaine de Bordeaux, Bordeaux.

CUIN P. *et al.* [2006], « Le palmarès santé des villes », *Impact Médecine*, n° 174, octobre.

CUILLIER F. et Bernard M.-C. [1997], « Bordeaux, l'urbanisme du temps long », *in* WACHTER S. (dir.), *Des villes-architectes*, Éditions de l'Aube, La Tour-d'Aigues.

DELFAUD P. [2006], « La Gironde fait mieux que la moyenne hexagonale », entretien, *Sud Ouest Gironde Éco*, 9 novembre.

DOLEZ B. et HASTINGS M. (dir.) [2003], *Le Parachutage politique*, L'Harmattan, Paris.

Donzelot J. [2004], « La ville à trois vitesses : relégation, périurbanisation, gentrification », *Esprit*, mars-avril, p. 14-39.

Duban J.-P. [2002], « La ZFU des Hauts de Garonne-Bastide, cinq ans après », *Insee Aquitaine*, n° 111, octobre.

— [2005], « Inégalité sociale des quartiers prioritaires », *Le quatre pages*, Insee Aquitaine, n° 145, août.

Duban J.-P. et Wojciechowski N. [2006], « Un poids important de l'économie résidentielle en Aquitaine », *Le quatre pages*, Insee, n° 158, septembre.

Dumas J. [1978], *Activités industrielles dans la communauté urbaine de Bordeaux*, thèse, Université Bordeaux-III.

— [2000], *Bordeaux, ville paradoxale*, Maison des sciences de l'homme d'Aquitaine, Bordeaux.

Étienne R. (dir.) [2001], *Histoire de Bordeaux*, Privat, Toulouse.

Félonneau M. [1997], *L'Étudiant dans la ville*, L'Harmattan, Paris.

Felouzis G., Liot F. et Perroton J. [2005], *L'Apartheid scolaire. Enquête sur la ségrégation ethnique dans les collèges*, Seuil, Paris.

Figeac M. (dir.) [2002], *Histoire des Bordelais, La modernité triomphante (1715-1815)*, Mollat/Fédération historique du Sud-Ouest, Bordeaux.

Fouquet D. [2006], *Bordeaux Rock*, Castor Astral, Bègles.

Fraser N. [2003], « Repenser l'espace public : une contribution à la critique de la démocratie réellement existante », *in* Renault E. et Sintomer Y., *Où en est la théorie critique ?*, La Découverte, Paris.

Garreau J. [1988], *Edge City. Life on the New Frontier*, Doubleday, New York.

Garrier G. [1998], *Histoire sociale et culturelle du vin*, Larousse, Paris.

Girault F. et Bussi M. [2001], « Les organisations spatiales de la ségrégation urbaine : l'exemple des comportements électoraux », *L'Espace géographique*, n° 2, p. 152-164.

Giraud-Héraud E. [2003], « Vins complexes », *Le Monde*, 28 novembre.

Godier P. et Tapie G. [2004], *Recomposer la ville. Mutations bordelaises*, L'Harmattan, Paris.

Grandmaison H. de [1995], *Je t'écris de Bordeaux*, Mollat, Bordeaux.

Greer S. [1962], *The Emerging City, Myth and Reality*, Transaction Publishers, New Brunswick.

Grémion P. [1976], *Le Pouvoir périphérique : bureaucrates et notables dans le système politique français*, Seuil, Paris.

Grésillon M. [1998], « La grande spatialité du vote d'extrême droite », *in* Pumain D. et Mattei M.-F. (dir.), *Données urbaines*, Anthropos/Economica, Paris, p. 49-58.

Guillaume P. [1994], « La trace girondine ou la culture politique aquitaine », *Vingtième Siècle*, vol. 44, p. 95-102.

Higounet C. [1963] (dir.), *Histoire de Bordeaux*, Pédone, Paris.

Hoffmann-Martinot V. [2002], « Bordeaux. La double confirmation d'Alain Juppé », *in* Dolez B. et Laurent A. (dir.), *Le Vote des villes. Les élections municipales des 11 et 18 mars 2001*, Presses de Science Po, Paris, p. 139-153.

Insee Aquitaine [1998], *Atlas de l'agglomération bordelaise*, n° 29, novembre.

— [2003], *Les revenus déclarés des ménages aquitains en 2000.*

— [2006a], *Atlas de l'agglomération bordelaise*, n° 158, avril.

— [2006b], *Des niveaux de revenus différents dans les grandes villes*, octobre.

Jouve B. et Levèfre C. (dir.) [1999], *Villes, métropoles. Les nouveaux territoires du politique*, Anthropos/Economica, Paris.

Laborde P. (dir.) [1998], *Bordeaux. Métropole régionale, Ville internationale ?*, La Documentation française, Paris.

Lacan M., Mouton-Barrère M. et Prost D. [2003], *L'Agglomération bordelaise, un espace en mutation*, CRDPA, Bordeaux.

Lacour C. et Puissant S. (dir.) [1999], *La Métropolisation. Croissance, diversité, fractures*, Anthropos, Paris.

Lacouture J. [1996], *Montaigne à cheval*, Seuil, Paris.

Lagroye J. [1973], *Société et politique. J. Chaban-Delmas à Bordeaux*, Pédone, Paris.

Lajugie J. (dir.) [1972], *Bordeaux au XXe siècle*, Fédération historique du Sud-Ouest, Bordeaux.

Lapeyronnie D. [1991], *Le Communisme syndical : la CGT à Bordeaux*, Arguments, Paris.

Lemieux C. [2000], *Mauvaise presse*, Métailié, Paris.

Lorrain D. [1989], *Les Mairies urbaines et leur personnel*, Rapport au ministère de l'Intérieur, « Études et recherches », Paris.

Mabileau A. [1991], *Le Système local en France*, Montchrestien, Paris.

Mallet S. [1963], *La Nouvelle Classe ouvrière*, Seuil, Paris.

Mathio F. [2006], « Des niveaux de revenus différents dans les grandes villes », *Le quatre pages*, Insee Aquitaine, n° 159, octobre.

Médard J.-F. [1971], « Les structures politico-administratives de l'agglomération de Bordeaux », *Revue géographique des Pyrénées et du Sud-Ouest*, Toulouse, t. 42, p. 411-430.

Michel M. [2006], *La Grande Pauvreté dans l'agglomération bordelaise en 2006 : état des lieux*, Université Victor-Segalen-Bordeaux-II, Bordeaux.

Montaigne M. [1967], *Essais, Œuvres complètes* (1588), Seuil, Paris.

Oblet T. [2005], *Gouverner la ville*, PUF, Paris.

Oblet T., Perroton J., Schiff C. et Villechaise-Dupont A. [2005], *Ménages immigrés ou issus de l'immigration dans les opérations de renouvellement urbain*, Union sociale pour l'habitat, Cadis, Université Victor-Segalen-Bordeaux-II, Bordeaux, septembre.

Pétaux J. (dir.) [2001], *Aquitaine. Les maîtres du Sud-Ouest. Après les élections municipales : la nouvelle donne politique de la région*, Golias, Saint-Étienne.

Rapport du Conseil économique et social [2003], « Métropoles et structuration du territoire », adopté le 9 avril 2003, p. 8-103.

Reich R. [1993], *L'Économie mondialisée*, Dunod, Paris.

Restier-Melleray C. [2002], *Que sont devenues nos campagnes électorales ? L'éclairage par la succession de J. Chaban-Delmas en 1995*, PUB, Pessac.

Rozenblat C. et Cicille P. (dir.) [2002], *Les Villes européennes. Analyse comparative*, étude réalisée par l'UMR Espace 6012 de Montpellier à la demande de la Datar.

Rui S. et Villechaise-Dupont A. [2005], « Les associations face à la participation institutionnalisée. Les ressorts d'une adhésion distanciée », *Espaces et Sociétés*, n° 123.

Saulle I. [2006], « Vin et consommation : un pont à (re)construire », communication au colloque *Enometrics XIII*, mai.

Savary G. [1995], *Chaban. Anatomie d'une féodalité républicaine*, Aubéron, Bordeaux.

Sud Ouest [1993], 13 octobre.

Théra M.-C. [1997], *Alain Juppé à Bordeaux. Histoire d'un cabinet. Structuration et inscription d'une équipe politique dans une configuration institutionnelle*, mémoire de DEA, Université Montesquieu-Bordeaux-IV, CERVL/IEP, Bordeaux.

Villechaise-Dupont A. [2000], *Amère banlieue. Les gens des grands ensembles*, Grasset/Le Monde, Paris.

Weber M. [1982], *La Ville*, Aubier, Paris.

Sites Internet consultés

www.bordeauxregion.com
www.eurocost.com
www.lentreprise.com/fiches-entreprises/
www.memoireonline.com
www.poleuniv.u-bordeaux.fr/
www.vdqs.net/2006Bordeaux/
www.vivre-bordeaux.com/bra/bra.asp

Table des matières

Introduction 3

I Histoire et mémoire de Bordeaux

La vigne et le port 8
La bourgeoisie bordelaise 12
Le siècle industriel 16
Le développement politique et la ville de services 20

II La donne socioéconomique

De la ville à la métropole 25
Bordeaux-ville, 26
Bordeaux-métropole, 29
Du patrimoine à l'innovation 32
La fragilité de l'héritage patrimonial, 35
La résistance du tertiaire, 38
La nouvelle donne industrielle et scientifique, 39
Sort collectif et destins individuels 43
Une stratification sociale déséquilibrée, 43
Une ville riche avec beaucoup de pauvres, 44

III Classes et milieux sociaux

La ville et les classes 48
La répartition des classes sociales, 48
Les trois villes, 51
Le poids politique et urbain des classes moyennes, 53
Classes et vie urbaine 55
La « ville émergente », 55

La banlieue, 57
La ville-centre, 62

IV Qui gouverne ?

Fondements et dynamiques du « chabanisme » 70
Le « prototype du grand notable », 70
Intégration des élites et des corps intermédiaires, 71
Le « pacte de Bordeaux », 73
La décentralisation et l'épuisement du pouvoir, 74
Rationalisation administrative et concurrence politique 75
Technocratie éclairée et coalition de projets, 76
Continuité communautaire et concurrence politique retrouvée, 79
Le pouvoir à l'épreuve d'une sphère publique locale émergente 80
Professionnalisation et démultiplication de l'espace médiatique, 81
Aux débats, les citoyens !, 82
Extension du domaine des luttes, 84
Vote local, vote national, 86

V Politiques urbaines

La planification urbaine 90
Le projet urbain 97
La course à l'étalement urbain, 98
Peut-on croire dans le renouvellement urbain ?, 100
Le centre de Bordeaux : une gentrification contrôlée au nom de la mixité sociale ?, 103
Le « grand contournement », 107

Conclusion 111

Annexe 115

Repères bibliographiques 116

Collection

R E P È R E S

dirigée par

Jean-Paul Piriou (de 1987 à 2004), *puis par* Pascal Combemale,

avec Stéphane Beaud, André Cartapanis, Bernard Colasse, Françoise Dreyfus, Yannick L'Horty, Philippe Lorino, Dominique Merllié, Michel Rainelli et Yves Winkin.

ÉCONOMIE

Aide publique au développement (L'), n° 476, Olivier Charnoz et Jean-Michel Severino.

Allocation universelle (L'), n° 412, Philippe Van Parijs et Yannick Vanderborght.

Balance des paiements (La), n° 359, Marc Raffinot et Baptiste Venet.

Bourse (La), n° 317, Daniel Goyeau et Amine Tarazi.

Budget de l'État (Le), n° 33, Maurice Baslé.

Calcul économique (Le), n° 89, Bernard Walliser.

Capitalisme financier (Le), n° 356, Laurent Batsch.

Capitalisme historique (Le), n° 29, Immanuel Wallerstein.

Chômage (Le), n° 22, Jacques Freyssinet.

Commerce international (Le), n° 65, Michel Rainelli.

Comptabilité nationale (La), n° 57, Jean-Paul Piriou.

Concurrence imparfaite (La), n° 146, Jean Gabszewicz.

Consommation des Français (La) :
1. n° 279 ;
2. n° 280, Nicolas Herpin et Daniel Verger.

Coût du travail et emploi, n° 241, Jérôme Gautié.

Croissance, emploi et développement. *Les grandes questions économiques et sociales I*, n° 488, J.-P. Deléage, J. Gautié, B. Gazier, D. Guellec, Y. L'Horty et J.-P. Piriou.

Croissance et richesse des nations, n° 419, Pascal Petit.

Démographie (La), n° 105, Jacques Vallin.

Déséquilibres financiers internationaux (Les), n° 491, Anton Brender et Florence Pisani.

Développement soutenable (Le), n° 425, Franck-Dominique Vivien.

Développement économique de l'Asie orientale (Le), n° 172, Éric Bouteiller et Michel Fouquin.

Différenciation des produits (La), n° 470, Jean Gabszewicz.

Dilemne du prisonnier (Le), n° 451, Nicolas Eber.

Économie bancaire, n° 268, Laurence Scialom.

Économie britannique depuis 1945 (L'), n° 111, Véronique Riches.

Économie de l'Afrique (L'), n° 117, Philippe Hugon.

Économie de l'éducation, n° 409, Marc Gurgand.

Économie de l'environnement (L'), n° 252, Pierre Bontems et Gilles Rotillon.

Économie de l'euro, n° 336, Agnès Benassy-Quéré et Benoît Cœuré.

Économie de l'innovation, n° 259, Dominique Guellec.

Économie de la Chine (L'), n° 378, Françoise Lemoine.

Économie de la connaissance (L'), n° 302, Dominique Foray.

Économie de la culture (L'), n° 192, Françoise Benhamou.

Économie de la distribution, n° 372, Marie-Laure Allain et Claire Chambolle.

Économie de la drogue, n° 213, Pierre Kopp.

Économie de la firme, n° 361, Bernard Baudry.

Économie de la propriété intellectuelle, n° 375, François Lévêque et Yann Ménière.

Économie de la qualité, n° 390, Bénédicte Coestier et Stéphan Marette.

Économie de la réglementation (L'), n° 238, François Lévêque.

Économie de la RFA (L'), n° 77, Magali Demotes-Mainard.

Économie de la Russie (L'), n° 436, François Benaroya.

Économie de l'Inde (L'), n° 443, Jean-Joseph Boillot.

Économie des changements climatiques, n° 414, Sylvie Faucheux et Haitham Joumni.

Économie des coûts de transaction, n° 407, Stéphane Saussier et Anne Yvrande-Billon.

Économie des États-Unis (L'), n° 341, Hélène Baudchon et Monique Fouet.

Économie des fusions et acquisitions, n° 362, Nathalie Coutinet et Dominique Sagot-Duvauroux.

Économie des inégalités (L'), n° 216, Thomas Piketty.

Économie des logiciels, n° 381, François Horn.

Économie des organisations (L'), n° 86, Claude Menard.

Économie des relations interentreprises (L'), n° 165, Bernard Baudry.

Économie des réseaux, n° 293, Nicolas Curien.

Économie des ressources humaines, n° 271, François Stankiewicz.

Économie des ressources naturelles, n° 406, Gilles Rotillon.

Économie du droit, n° 261, Thierry Kirat.

Économie du Japon (L'), n° 235, Évelyne Dourille-Feer.

Économie du risque pays, n° 421, Nicolas Meunier et Tania Sollogoub.

Économie du sport (L'), n° 309, Jean-François Bourg et Jean-Jacques Gouguet.

Économie et écologie, n° 158, Franck-Dominique Vivien.

Économie expérimentale (L'), n° 423, Nicolas Eber et Marc Willinger.

Économie française 2008 (L'), n° 498, OFCE.

Économie informelle dans le tiers monde, n° 155, Bruno Lautier.

Économie institutionnelle (L'), n° 472, Bernard Chavance.

Économie marxiste du capitalisme, n° 349, Gérard Duménil et Dominique Lévy.

Économie mondiale 2008 (L'), n° 499, CEPII.

Économie politique de l'entreprise, n° 392, François Eymard-Duvernay.

Économie postkeynésienne, n° 384, Marc Lavoie.

Efficience informationnelle des marchés financiers (L'), n° 461, Sandrine Lardic et Valérie Mignon.

Emploi en France (L'), n° 68, Dominique Gambier et Michel Vernières.

Enjeux de la mondialisation (Les). *Les grandes questions économiques et sociales III*, n° 490, C. Chavagneux, F. Milewski, J. Pisani-Ferry, D. Plihon, M. Rainelli et J.-P. Warnier.

Éthique économique et sociale, n° 300, Christian Arnsperger et Philippe Van Parijs.

Ethnographie économique (L'), n° 487, Caroline Dufy et Florence Weber.

France face à la mondialisation (La), n° 248, Anton Brender.

France face aux marchés financiers (La), n° 385, Anton Brender.

Grandes économies européennes (Les), n° 256, Jacques Mazier.

Histoire de l'Europe monétaire, n° 250, Jean-Pierre Patat.

Incertitude dans les théories économiques (L'), n° 379, Nathalie Moureau et Dorothée Rivaud-Danset.

Industrie française (L'), n° 85, Michel Husson et Norbert Holcblat.

Inflation et désinflation, n° 48, Pierre Bezbakh.

Introduction aux théories économiques, n° 262, Françoise Dubœuf.

Introduction à Keynes, n° 258, Pascal Combemale.

Introduction à la macroéconomie, n° 344, Anne Épaulard et Aude Pommeret.

Introduction à la microéconomie, n° 106, Gilles Rotillon.

Introduction à l'économie de Marx, n° 114, Pierre Salama et Tran Hai Hac.

Investisseurs institutionnels (Les), n° 388, Aurélie Boubel et Fabrice Pansard.

FMI (Le), n° 133, Patrick Lenain.

Lexique de sciences économiques et sociales, n° 202, Jean-Paul Piriou et Denis Clerc.

Libéralisme de Hayek (Le), n° 310, Gilles Dostaler.

Lire l'économétrie, n° 460, Luc Behaghel.

Macroéconomie. Investissement (L'), n° 278, Patrick Villieu.

Macroéconomie. Consommation et épargne, n° 215, Patrick Villieu.

Macroéconomie financière :
1. Finance, croissance et cycles, n° 307 ;
2. Crises financières et régulation monétaire, n° 308, Michel Aglietta.

Marchés du travail en Europe (Les), n° 291, IRES.

Marchés financiers internationaux (Les), n° 396, André Cartapanis.

Mathématiques des modèles dynamiques, n° 325, Sophie Jallais.

Microéconomie des marchés du travail, n° 354, Pierre Cahuc, André Zylberberg.

Modèles productifs (Les), n° 298, Robert Boyer et Michel Freyssenet.

Mondialisation et délocalisation des entreprises, n° 413, El Mouhoub Mouhoud.

Mondialisation et l'emploi (La), n° 343, Jean-Marie Cardebat.

Monnaie et ses mécanismes (La), n° 295, Dominique Plihon.

Multinationales globales (Les), n° 187, Wladimir Andreff.

Mutations de l'emploi en France (Les), n° 432, IRES.

Notion de risque en économie (La), n° 444, Pierre-Charles Pradier.

Nouveau capitalisme (Le), n° 370, Dominique Plihon.

Nouveaux indicateurs de richesse (Les), n° 404, Jean Gadrey et Florence Jany-Catrice.

Nouvelle histoire économique de la France contemporaine :
1. L'économie préindustrielle (1750-1840), n° 125, Jean-Pierre Daviet.
2. L'industrialisation (1830-1914), n° 78, Patrick Verley.
3. L'économie libérale à l'épreuve (1914-1948), n° 232, Alain Leménorel.
4. L'économie ouverte (1948-1990), n° 79, André Gueslin.

Nouvelle économie (La), n° 303, Patrick Artus.

Nouvelle économie chinoise (La), n° 144, Françoise Lemoine.

Nouvelle microéconomie (La), n° 126, Pierre Cahuc.

Nouvelle théorie du commerce international (La), n° 211, Michel Rainelli.

Nouvelles politiques de l'emploi (Les), n° 454, Yannick L'Horty.

Nouvelles théories de la croissance (Les), n° 161, Dominique Guellec et Pierre Ralle.

Nouvelles théories du marché du travail (Les), n° 107, Anne Perrot.

Organisation mondiale du commerce (L'), n° 193, Michel Rainelli.

Paradis fiscaux (Les), n° 448, Christian Chavagneux et Ronen Palan.

Partenariats public-privé (Les), n° 441, F. Marty, S. Trosa et A. Voisin.

Politique agricole commune (La), n° 480, Jean-Christophe Bureau.

Politique de la concurrence (La), n° 339, Emmanuel Combe.

Politique monétaire (La), n° 479, Christian Bordes.

Politiques de l'emploi et du marché du travail (Les), n° 373, DARES.

Population française (La), n° 75, Jacques Vallin.

Population mondiale (La), n° 45, Jacques Vallin.

Productivité et croissance en Europe et aux États-Unis, n° 483, Gilbert Cette.

Produits financiers dérivés, n° 422, Yves Jégourel.

Protection sociale (La), n° 72, Numa Murard.

Protectionnisme (Le), n° 322, Bernard Guillochon.

Qualité de l'emploi (La), n° 456, CEE.

Quel avenir pour nos retraites ? n° 289, Gaël Dupont et Henri Sterdyniak.

Régionalisation de l'économie mondiale (La), n° 288, Jean-Marc Siroën.

Revenu minimum garanti (Le), n° 98, Chantal Euzéby.

Revenus en France (Les), n° 69, Yves Chassard et Pierre Concialdi.

Socio-économie des services, n° 369, Jean Gadrey.

Système monétaire international (Le), n° 97, Michel Lelart.

Taux de change (Les), n° 103, Dominique Plihon.

Taux d'intérêt (Les), n° 251, A. Bénassy-Quéré, L. Boone et V. Coudert.

Taxe Tobin (La), n° 337, Yves Jegourel.

Théorie de la régulation (La), n° 395, Robert Boyer.

Théorie économique néoclassique (La) :
1. Microéconomie, n° 275,
2. Macroéconomie, n° 276,
Bernard Guerrien.

Théories de la monnaie (Les), n° 226, Anne Lavigne et Jean-Paul Pollin.

Théories des crises économiques (Les), n° 56, Bernard Rosier et Pierre Dockès.

Théories du salaire (Les), n° 138, Bénédicte Reynaud.

Théories économiques du développement (Les), n° 108, Elsa Assidon.

Travail des enfants dans le monde (Le), n° 265, Bénédicte Manier.

Travail et emploi en Europe, n° 417, John Morley, Terry Ward et Andrew Watt.

Urbanisation du monde (L'), n° 447, Jacques Véron.

SOCIOLOGIE

Anthropologie des religions (L'), n° 496, Lionel Obadia.

Bouddhisme en Occident (Le), n° 478, Lionel Obadia.

Capital social (Le), n° 458, Sophie Ponthieux.

Catégories socioprofessionnelles (Les), n° 62, Alain Desrosières et Laurent Thévenot.

Classes sociales dans la mondialisation (Les), n° 503, Anne-Catherine Wagner.

Conditions de travail (Les), n° 301, Michel Gollac et Serge Volkoff.

Critique de l'organisation du travail, n° 270, Thomas Coutrot.

Culture matérielle (La), n° 431, Marie-Pierre Julien et Céline Rosselin.

Démocratisation de l'enseignement (La), n° 345, Pierre Merle.

Économie sociale (L'), n° 148, Claude Vienney.

Enseignement supérieur en France (L'), n° 429, Maria Vasconcellos.

Ergonomie (L'), n° 43, Françoise Darses et Maurice de Montmollin.

Étudiants (Les), n° 195, Olivier Galland et Marco Oberti.

Féminin, masculin, n° 389, Michèle Ferrand.

Formation professionnelle continue (La), n° 28, Claude Dubar.

Histoire de la sociologie :
1. Avant 1918, n° 109,
2. Depuis 1918, n° 110,
Charles-Henry Cuin et François Gresle.

Histoire du féminisme, n° 338, Michèle Riot-Sarcey.

Histoire du travail des femmes, n° 284, Françoise Battagliola.

Insécurité en France (L'), n° 353, Philippe Robert.

Intérim (L'), n° 475, Dominique Glaymann.

Introduction aux *Science Studies*, n° 449, Dominique Pestre.

Jeunes (Les), n° 27, Olivier Galland.

Jeunes et l'emploi (Les), n° 365, Florence Lefresne.

Méthode en sociologie (La), n° 194, Jean-Claude Combessie.

Méthodes de l'intervention psychosociologique (Les), n° 347, Gérard Mendel et Jean-Luc Prades.

Méthodes en sociologie (Les) : l'observation, n° 234, Henri Peretz.

Métiers de l'hôpital (Les), n° 218, Christian Chevandier.

Mobilité sociale (La), n° 99, Dominique Merllié et Jean Prévot.

Modernisation des entreprises (La), n° 152, Danièle Linhart.

Multiculturalisme (Le), n° 401, Milena Doytcheva.

Mutations de la société française (Les). *Les grandes questions économiques et sociales II*, n° 489, R. Castel, L. Chauvel, D. Merllié, É. Neveu et T. Piketty.

Notion de culture dans les sciences sociales (La), n° 205, Denys Cuche.

Nouveau système français de protection sociale (Le), n° 382, Jean-Claude Barbier et Bruno Théret.

Personnes âgées (Les), n° 224, Pascal Pochet.

Pouvoir des grands (Le). *De l'influence de la taille des hommes sur leur statut social*, n° 469, Nicolas Herpin.

Santé des Français (La), n° 330, Haut comité de la santé publique.

Sciences de l'éducation (Les), n° 129, Éric Plaisance et Gérard Vergnaud.

Société du risque (La), n° 321, Patrick Peretti Watel.

Sociologie de Anthony Giddens (La), n° 497, Jean Nizet.

Sociologie de Bordeaux, n° 492, Émile Victoire.

Sociologie de Durkheim (La), n° 154, Philippe Steiner.

Sociologie de Erving Goffman (La), n° 416, Jean Nizet et Natalie Rigaux.

Sociologie de Georg Simmel (La), n° 311, Frédéric Vandenberghe.

Sociologie de l'alimentation, n° 468, F. Régnier, A. Lhuissier et S. Gojard.

Sociologie de l'architecture, n° 314, Florent Champy.

Sociologie de l'argent (La), n° 473, Damien de Blic et Jeanne Lazarus.

Sociologie de l'art, n° 328, Nathalie Heinich.

Sociologie de l'éducation, n° 169, Marlaine Cacouault et Françoise Œuvrard.

Sociologie de l'emploi, n° 132, Margaret Maruani et Emmanuèle Reynaud.

Sociologie de l'immigration, n° 364, Andrea Rea et Maryse Tripier.

Sociologie de l'organisation sportive, n° 281, William Gasparini.

Sociologie de la bourgeoisie, n° 294, Michel Pinçon et Monique Pinçon-Charlot.

Sociologie de la consommation, n° 319, Nicolas Herpin.

Sociologie de la famille, n° 494, Jean-Hugues Déchaux.

Sociologie de la lecture, n° 376, Chantal Horellou-Lafarge et Monique Segré.

Sociologie de la négociation, n° 350, Reynald Bourque et Christian Thuderoz.

Sociologie de la prison, n° 318, Philippe Combessie.

Sociologie de Marx (La), n° 173, Jean-Pierre Durand.

Sociologie de Max Weber (La), n° 452, Catherine Colliot-Thélène.

Sociologie de Norbert Elias (La), n° 233, Nathalie Heinich.

Sociologie de Paris, n° 400, Michel Pinçon et Monique Pinçon-Charlot.

Sociologie des cadres, n° 290, Paul Bouffartigue et Charles Gadea.

Sociologie des changements sociaux (La), n° 440, Alexis Trémoulinas.

Sociologie des chômeurs, n° 173, Didier Demazière.

Sociologie des comportements sexuels, n° 221, Maryse Jaspard.

Sociologie des employés, n° 142, Alain Chenu.

Sociologie des entreprises, n° 210, Christian Thuderoz.

Sociologie des mouvements sociaux, n° 207, Erik Neveu.

Sociologie des organisations, n° 249, Lusin Bagla.

Sociologie des pratiques culturelles, n° 418, Philippe Coulangeon.

Sociologie des publics, n° 366, Jean-Pierre Esquenazi.

Sociologie des relations professionnelles, n° 186, Michel Lallement.

Sociologie des réseaux sociaux, n° 398, Pierre Mercklé.

Sociologie des syndicats, n° 304, Dominique Andolfatto et Dominique Labbé.

Sociologie des villes, n° 331, Yankel Fijalkow.

Sociologie du crime (La), n° 435, Philippe Robert.

Sociologie du droit, n° 282, Évelyne Séverin.

Sociologie du sida, n° 355, Claude Thiaudière.

Sociologie du sport, n° 164, Jacques Defrance.

Sociologie du travail (La), n° 257, Sabine Erbès-Seguin.

Sociologie économique (La), n° 274, Philippe Steiner.

Sociologie et anthropologie de Marcel Mauss, n° 360, Camille Tarot.

Sondages d'opinion (Les), n° 38, Hélène Meynaud et Denis Duclos.

Syndicalisme enseignant (Le), n° 212, Bertrand Geay.

Système éducatif (Le), n° 131, Maria Vasconcellos.

Théories sociologiques de la famille (Les), n° 236, Catherine Cicchelli-Pugeault et Vincenzo Cicchelli.

Travail et emploi des femmes, n° 287, Margaret Maruani.

Travailleurs sociaux (Les), n° 23, Jacques Ion et Bertrand Ravon.

Urbanisme (L'), n° 96, Jean-François Tribillon.

Violences contre les femmes (Les), n° 424, Maryse Jaspard.

SCIENCES POLITIQUES-DROIT

Aménagement du territoire (L'), n° 176, Nicole de Montricher.

Collectivités locales (Les), n° 242, Jacques Hardy.

Constitutions françaises (Les), n° 184, Olivier Le Cour Grandmaison.

Construction européenne (La), n° 326, Guillaume Courty et Guillaume Devin.

Décentralisation (La), n° 44, Xavier Greffe.

DOM-TOM (Les), n° 151, Gérard Belorgey et Geneviève Bertrand.

Droit du travail (Le), n° 230, Michèle Bonnechère.

Droit international humanitaire (Le), n° 196, Patricia Buirette.

Droit pénal, n° 225, Cécile Barberger.

Droits de l'homme (Les), n° 333, Danièle Lochak.

Économie politique internationale, n° 367, Christian Chavagneux.

Évaluation des politiques publiques (L'), n° 329, Bernard Perret.

Femmes en politique, n° 455, Catherine Achin et Sandrine Lévêque.

Fonction publique (La), n° 189, Luc Rouban.

Gouvernance de la mondialisation (La), n° 403, Jean-Christophe Graz.

Groupes d'intérêt (Les), n° 453, Guillaume Courty.

Histoire de l'administration, n° 177, Yves Thomas.

Histoire des idées politiques en France au XIXe siècle, n° 243, Jérôme Grondeux.

Histoire des idées socialistes, n° 223, Noëlline Castagnez.

Histoire du Parti communiste français, n° 269, Yves Santamaria.

Introduction à Castoriadis, n° 471, Jean-Louis Prat.

Introduction à la philosophie politique, n° 197, Christian Ruby.

Introduction à Marx, n° 467, Pascal Combemale.

Introduction au droit, n° 156, Michèle Bonnechère.

Islam (L'), n° 82, Anne-Marie Delcambre.

Justice en France (La), n° 116, Dominique Vernier.

Notion de société civile (La), n° 482, Gautier Pirotte.

Nouvelle Constitution européenne (La), n° 380, Jacques Ziller.

ONG (Les), n° 386, Philippe Ryfman.

ONU (L'), n° 145, Maurice Bertrand.

Philosophie de Marx (La), n° 124, Étienne Balibar.

Politique de la famille (La), n° 352, Jacques Commaille, Pierre Strobel et Michel Villac.

Postcommunisme en Europe (Le), n° 266, François Bafoil.

Régime politique de la Ve République (Le), n° 253, Bastien François.

Régimes politiques (Les), n° 244, Arlette Heymann-Doat.

Socialisme libéral (Le), n° 466, Serge Audier.

Sociologie de la communication politique, n° 493, Philippe Riutort.

Sociologie de la vie politique française, n° 402, Michel Offerlé.

Sociologie des finances publiques, n° 481, Marc Leroy.

Sociologie des relations internationales, n° 335, Guillaume Devin.

Sociologie du phénomène Le Pen, n° 428, Jacques Le Bohec.

Sociologie historique du politique, n° 209, Yves Déloye.

Syndicalisme en France depuis 1945 (Le), n° 143, René Mouriaux.

Théories de la république (Les), n° 399, Serge Audier.

Union européenne (L'), n° 170, Jacques Léonard et Christian Hen.

Utopies et utopistes, n° 484, Thierry Paquot.

Valeurs et cultures en Europe, n° 501, Olivier Galland et Yannick Lemel.

HISTOIRE

Affaire Dreyfus (L'), n° 141, Vincent Duclert.

Archives (Les), n° 324, Sophie Cœuré et Vincent Duclert.

Catholiques en France depuis 1815 (Les), n° 219, Denis Pelletier.

Chronologie de la France au XXe siècle, n° 286, Catherine Fhima.

État et les cultes (L'). *1789-1905-2005*, n° 434, Jacqueline Lalouette.

Franc-maçonneries (Les), n° 397, Sébastien Galceran.

Front populaire (Le), n° 342, Frédéric Monier.

Guerre froide (La), n° 351, Stanislas Jeannesson.

Harkis (Les), n° 442, Tom Charbit.

Histoire de l'Algérie coloniale, 1830-1954, n° 102, Benjamin Stora.

Histoire de l'Algérie depuis l'indépendance, 1. 1962-1988, n° 316, Benjamin Stora.

Histoire de l'immigration, n° 327, Marie-Claude Blanc-Chaléard.

Histoire de l'URSS, n° 150, Sabine Dullin.

Histoire de la guerre d'Algérie, 1954-1962, n° 115, Benjamin Stora.

Histoire de la Turquie contemporaine, n° 387, Hamit Bozarslan.

Histoire des États-Unis depuis 1945 (L'), n° 104, Jacques Portes.

Histoire des sciences biomédicales, n° 465, Jean-Paul Gaudillière.

Histoire du Maroc depuis l'indépendance, n° 346, Pierre Vermeren.

Histoire du parti socialiste, n° 222, Jacques Kergoat.

Histoire du radicalisme, n° 139, Gérard Baal.

Histoire en France (L'), n° 84, Collectif.

Histoire politique de la IIIe République, n° 272, Gilles Candar.

Histoire politique de la IVe République, n° 299, Éric Duhamel.

Introduction à la socio-histoire, n° 437, Gérard Noiriel.

Introduction à l'histoire de la France au XXe siècle, n° 285, Christophe Prochasson.

Judaïsme (Le), n° 203, Régine Azria.

Pierre Mendès France, n° 157, Jean-Louis Rizzo.

Politique étrangère de la France depuis 1945 (La), n° 217, Frédéric Bozo.

Protestants en France depuis 1789 (Les), n° 273, Rémi Fabre.

Question nationale au XIXe siècle (La), n° 214, Patrick Cabanel.

Régime de Vichy (Le), n° 206, Marc Olivier Baruch.

Santé au travail (La), n° 438, S. Buzzi, J.-C. Devinck et P.-A. Rosental.

GESTION

Analyse financière de l'entreprise (L'), n° 153, Bernard Colasse.

Audit (L'), n° 383, Stéphanie Thiéry-Dubuisson.

Calcul des coûts dans les organisations (Le), n° 181, Pierre Mévellec.

Capital-risque (Le), n° 445, Emmanuelle Dubocage et Dorothée Rivaud-Danset.

Comptabilité anglo-saxonne (La), n° 201, Peter Walton.

Comptabilité en perspective (La), n° 119, Michel Capron.

Contrôle budgétaire (Le), n° 340, Nicolas Berland.

Contrôle de gestion (Le), n° 227, Alain Burlaud et Claude J. Simon.

Culture d'entreprise (La), n° 410, Éric Godelier.

Éthique dans les entreprises (L'), n° 263, Samuel Mercier.

Fondements de la comptabilité (Les), n° 485, Bernard Colasse.

Gestion des ressources humaines (La), n° 415, Anne Dietrich et Frédérique Pigeyre.

Gestion financière de l'entreprise (La), n° 183, Christian Pierrat.

Gestion prévisionnelle des ressources humaines (La), n° 446, Patrick Gilbert.

Gouvernance de l'entreprise (La), n° 358, Roland Perez.

Introduction à la comptabilité d'entreprise, n° 191, Michel Capron et Michèle Lacombe-Saboly.

Logistique (La), n° 474, Pascal Lièvre.

Management de la qualité (Le), n° 315, Michel Weill.

Management de projet (Le), n° 377, Gilles Garel.

Management international (Le), n° 237, Isabelle Huault.

Méthodologie de l'investissement dans l'entreprise, n° 123, Daniel Fixari.

Modèle japonais de gestion (Le), n° 121, Annick Bourguignon.

Normes comptables internationales (Les), n° 457, Chrystelle Richard.

Outils de la décision stratégique (Les) :
1 : Avant 1980, n° 162,
2 : Depuis 1980, n° 163,
José Allouche et Géraldine Schmidt.

Responsabilité sociale d'entreprise (La), n° 477, Michel Capron et Françoise Quairel-Lanoizelée.

Sociologie du conseil en management, n° 368, Michel Villette.

Stratégies des ressources humaines (Les), n° 137, Bernard Gazier.

Théorie de la décision (La), n° 120, Robert Kast.

Toyotisme (Le), n° 254, Koïchi Shimizu.

CULTURE-COMMUNICATION

Argumentation dans la communication (L'), n° 204, Philippe Breton.

Bibliothèques (Les), n° 247, Anne-Marie Bertrand.

Culture de masse en France (La) :
1. 1860-1930, n° 323, Dominique Kalifa.

Diversité culturelle et mondialisation, n° 411, Armand Mattelart.

Droit d'auteur et copyright, n° 486, Françoise Benhamou et Joëlle Farchy.

Économie de la presse, n° 283, Patrick Le Floch et Nathalie Sonnac.

Histoire sociale du cinéma français, n° 305, Yann Darré.

Histoire de la société de l'information, n° 312, Armand Mattelart.

Histoire des théories de l'argumentation, n° 292, Philippe Breton et Gilles Gauthier.

Histoire des théories de la communication, n° 174, Armand et Michèle Mattelart.

Histoire de la philosophie, n° 95, Christian Ruby.

Industrie des médias (L'), n° 439, Jean Gabszewicz et Nathalie Sonnac.

Industrie du disque (L'), n° 464, Nicolas Curien et François Moreau.

Introduction aux sciences de la communication, n° 245, Daniel Bougnoux.

Introduction aux *Cultural Studies*, n° 363, Armand Mattelart et Érik Neveu.

Marché de l'art contemporain (Le), n° 450, Nathalie Moureau et Dominique Sagot-Duvauroux.

Médias en France (Les), n° 374, Jean-Marie Charon.

Mondialisation de la culture (La), n° 260, Jean-Pierre Warnier.

Musée et muséologie, n° 433, Dominique Poulot.

Presse des jeunes (La), n° 334, Jean-Marie Charon.

Presse magazine (La), n° 264, Jean-Marie Charon.

Presse quotidienne (La), n° 188, Jean-Marie Charon.

Programmes audiovisuels (Les), n° 420, Benoît Danard et Remy Le Champion.

Psychanalyse (La), n° 168, Catherine Desprats-Péquignot.

Révolution numérique et industries culturelles, n° 408, Alain Le Diberder et Philippe Chantepie.

Sociologie du journalisme, n° 313, Erik Neveu.

Télévision (La), n° 405, Régine Chaniac et Jean-Pierre Jézéquel.

Tests d'intelligence (Les), n° 229, Michel Huteau et Jacques Lautrey.

Classiques

R E P È R E S

La formation du couple. *Textes essentiels pour la sociologie de la famille*, Michel Bozon et François Héran.

Invitation à la sociologie, Peter L. Berger.

Un sociologue à l'usine. *Textes essentiels pour la sociologie du travail*, Donald Roy.

Dictionnaires

R E P È R E S

Dictionnaire de gestion, Élie Cohen.

Dictionnaire d'analyse économique, *microéconomie, macroéconomie, théorie des jeux, etc.*, Bernard Guerrien.

Guides

R E P È R E S

L'art de la thèse. *Comment préparer et rédiger un mémoire de master, une thèse de doctorat ou tout autre travail universitaire à l'ère du Net*, Michel Beaud.

Comment se fait l'histoire. *Pratiques et enjeux*, François Cadiou, Clarisse Coulomb, Anne Lemonde et Yves Santamaria.

La comparaison dans les sciences sociales. *Pratiques et méthodes*, Cécile Vigour.

Les ficelles du métier. *Comment conduire sa recherche en sciences sociales*, Howard S. Becker.

Guide de l'enquête de terrain, Stéphane Beaud et Florence Weber.

Guide des méthodes de l'archéologie, Jean-Paul Demoule, François Giligny, Anne Lehoërff et Alain Schnapp.

Guide du stage en entreprise, Michel Villette.

Manuel de journalisme. *Écrire pour le journal*, Yves Agnès.

Voir, comprendre, analyser les images, Laurent Gervereau.

Manuels

R E P È R E S

Analyse macroéconomique 1.

Analyse macroéconomique 2. 17 auteurs sous la direction de Jean-Olivier Hairault.

Comprendre le monde. *Une introduction à l'analyse des systèmes-monde*, Immanuel Wallerstein.

Déchiffrer l'économie, Denis Clerc.

L'explosion de la communication. *Introduction aux théories et aux pratiques de la communication*, Philippe Breton et Serge Proulx.

Une histoire de la comptabilité nationale, André Vanoli.

Histoire de la psychologie en France. XIXe-XXe siècles, J. Carroy, A. Ohayon et R. Plas.

La mondialisation de l'économie. *Genèse et problèmes*, Jacques Adda.

Composition Facompo, Lisieux (Calvados)
Achevé d'imprimer sur les presses de l'imprimerie
Europe Media Duplication à Lassay-les-Châteaux (Mayenne)
Dépôt légal du 1er tirage : mai 2007
Suite du 1er tirage (2) : août 2007
N° de dossier : 17893

Imprimé en France